MAN IFES TOS MOD ERNI STAS

MANIFESTOS MODERNISTAS

Organização e preparação dos textos
Jeosafá F. Gonçalves
Doutor em Letras USP
Pesquisador Colaborador do Depto. de História da USP

Mário de Andrade
Prefácio Interessantíssimo
A escrava que não é Isaura

Oswald de Andrade
Manifesto da poesia Pau-Brasil
Manifesto Antropofágico

Grupo Verde-Amarelo e Escola da Anta
Manifesto Nhengaçu Verde-Amarelo

NOVA ALEXANDRIA

Em conformidade com a nova ortografia

Editora Nova Alexandria Ltda.
Rua Engenheiro Sampaio Coelho nº 111/113
04261-080 – São Paulo – SP
Fone: (11) 2215-6252
Site: www. lojanovaalexandria.com.br

Coordenação Editorial: Editora Nova Alexandria
Revisão: Jeosafá F. Gonçalves
Capa, projeto gráfico e editoração eletrônica: Antonio Kehl
Imagens: Série de "Fotografias" do Arquivo Mário de Andrade do IEB/USP, exceto fotos da páginas 9, de autoria de Michelle Rizzo; da página 117, de autoria desconhecida; e da página 133, cartaz de divulgação da Semana de Arte Moderna de 1922.

FICHA CATALOGRÁFICA
Dados Internacionais de Catalogação na Publicação (CIP)
Tuxped Serviços Editoriais (São Paulo, SP)
Ficha catalográfica elaborada pelo bibliotecário Pedro Anizio Gomes - CRB-8 8846

G635m Gonçalves, Jeosafá F. (org.).
Manifestos Modernistas / Organizador: Jeosafá F. Gonçalves; Mário de Andrade, Oswald de Andrade, Grupo Verde-
Amarelo e Escola da Anta. – 1. ed. São Paulo, SP : Editora Nova Alexandria, 2021.
174 p.; fotografias; 16x23 cm.
ISBN 978-65-86189-70-4.
1. Mário de Andrade. 2. Modernismo. 3. Oswald de Andrade. 4. Semana de 22. I. Título. II. Assunto. III. Organizador.
CDD 759.06
CDU 7.036(81)

ÍNDICE PARA CATÁLOGO SISTEMÁTICO
1. Arte moderna (período de 1900 a 1999):
Semana de Arte moderna de 1922.
2. Arte moderna (Brasil).

Sumário

Apresentação ... 7

MÁRIO DE ANDRADE ... 9

Prefácio Interessantíssimo – 1922 ... 11

A escrava que não é Isaura – 1925 ... 25

Parábola ... 27

Primeira parte ... 29

Segunda parte ... 49

Apêndice ... 91

Posfácio ... 109

Nota do editor ... 115

OSWALD DE ANDRADE ... 117

Manifesto da Poesia Pau-Brasil – 1924 ... 119

Manifesto Antropofágico – 1928 ... 125

Nota do Editor ... 131

GRUPOS VERDE-AMARELO E ESCOLA DA ANTA ... 133

Manifesto Nhengaçu Verde-Amarelo – 1929 ... 135

Nota do Editor ... 143

OS AUTORES ... 145
Mário de Andrade ... 147
Oswald de Andrade ... 151
Alfredo Éllis ... 155
Cândido Motta Filho ... 157
Cassiano Ricardo ... 161
Menotti del Picchia ... 165
Plínio Salgado ... 169

Apresentação

A Semana de Arte Moderna de 1922, deflagradora do Modernismo brasileiro, significou uma ruptura com práticas artísticas que imperaram soberanas de fins do século XIX até o início da década de 1920. As vanguardas artísticas e literárias, em todo o mundo e também aqui, voltaram suas baterias contra o que consideraram ultrapassado, mas ainda vigente, assombrando a nova geração como fantasmas de uma era finda tragicamente na I Guerra Mundial, mas cujos escombros ainda precisavam ser removidos.

Embora nem tudo contra o que a nova geração voltasse sua fúria demolidora o merecesse, para dar curso a suas ideias artísticas – em sintonia com a era de progresso das máquinas e da velocidade – a essa geração não restava alternativa: a única forma de ocupar espaço era à custa da que a precedera.

Os manifestos dessas vanguardas constituíram, assim, verdadeiras máquinas para demolição e limpeza do terreno das artes que, uma vez livre do entulho representado na permanência anacrônica de ideias ultrapassadas, seria semeado com nova literatura, nova música, novas artes plásticas, novas peças teatrais, novas coreografias – enfim, novas e revolucionárias representações simbólicas.

Neste *Manifestos Modernistas*, ficam reunidos cinco textos emblemáticos dessa disputa da nova geração por seu espaço.

A ordem em que aparecem aqui respeita a cronologia da publicação de cada um deles. Mário de Andrade, a figura central da primeira fase de nosso Modernismo, figura em primeiro lugar pela importância de seu papel, mas também pelo pioneirismo: seu "Prefácio Interessantíssimo", de 1922, é anterior ao "Manifesto da Poesia Pau-Brasil", de Oswald de Andrade, de 1924, tanto quanto seu *A escrava que não é Isaura*, de 1925, antecede ao "Manifesto Antropofágico", de 1928, do mesmo Oswald. O "Manifesto Nhengaçu Verde-Amerelo", dos grupos Verde-Amarelo e Escola da Anta surge em 1929, numa espécie de reação tardia aos manifestos de Mário de Oswald.

A escolha desses textos justifica-se pela representatividade que eles assumiram, porém as tertúlias literárias que se prolongaram ao longo do século XX é abundante. A rigor, cada autor desse período, em algum momento, manifestou suas opiniões literárias em periódicos, em livros e no interior de sua própria arte – a metalinguagem, aliás, é uma das caraterísticas marcantes do modernismo e do pós-modernismo.

Os manifestos aqui reunidos dizem respeito a um estágio inicial do Modernismo brasileiro, a que se convencionou chamar Primeira Geração Modernista ou Geração de 22. Seu ideário difere daquele defendido pelas chamadas Gerações de 30 e 45, segunda e terceira, respectivamente – nuanças de um mesmo movimento, que pôs as artes brasileiras em sintonia com seu tempo e que contribuiu para o desenvolvimento de uma consciência crítica do artista em relação aos problemas de seu país.

Jeosafá F. Gonçalves
Doutor em Letras USP
Pesquisador Colaborador do Depto. de História da USP

MÁRIO DE ANDRADE

Prefácio Interessantíssimo – 1922
(Publicado pela primeira vez em *Pauliceia Desvairada*)

"Dans mon pays de fiel et d'or j'en suis la loi".
E. Verhaeren

Leitor:

Está fundado o Desvairismo.

Este prefácio, apesar de interessante, inútil.

Alguns dados. Nem todos. Sem conclusões. Para quem me aceita são inúteis ambos. Os curiosos terão prazer em descobrir minhas conclusões, confrontando obra e dados. Para quem me rejeita trabalho perdido explicar o que, antes de ler, já não aceitou.

Quando sinto a impulsão lírica escrevo sem pensar tudo o que meu inconsciente me grita. Penso depois: não só para corrigir, como para justificar o que escrevi. Daí a razão deste Prefácio Interessantíssimo.

Aliás muito difícil nesta prosa saber onde termina a blague, onde principia a seriedade. Nem eu sei.

E desculpe-me por estar tão atrasado dos movimentos artísticos atuais. Sou passadista, confesso. Ninguém pode se libertar duma só vez das teorias-avós que bebeu; e o autor deste livro seria hipócrita si pretendesse representar orientação moderna que ainda não compreende bem.

Livro evidentemente impressionista. Ora, segundo modernos, erro grave o Impressionismo. Os arquitetos fogem do gótico como da arte nova, filiando-se, para além dos tempos históricos, nos volumes elementares: cubo, esfera, etc.

Os pintores desdenham Delacroix como Whistler, para se apoiarem na calma construtiva de Rafael, de Ingres, do Greco. Na escultura Rodin é ruim, os imaginários africanos são bons. Os músicos desprezam Debussy, genuflexos diante da polifonia catedralesca de Palestrina e João Sebastião Bach. A poesia... "tende a despojar o homem de todos os seus aspectos contingentes e efêmeros, para apanhar nele a humanidade"... Sou passadista, confesso.

"Este Alcorão nada mais é que uma embrulhada de sonhos confusos e incoerentes. Não é inspiração provinda de Deus, mas criada pelo autor. Maomé não é profeta, é um homem que faz versos. Que se apresente com algum sinal revelador do seu destino, como os antigos profetas". Talvez digam de mim o que disseram do criador de Alá. Diferença cabal entre nós dois: Maomé apresentava-se como profeta; julguei mais conveniente apresentar-me como louco.

Você já leu São João Evangelista? Walt Whitman? Mallarmé? Verhaeren?

Perto de dez anos metrifiquei, rimei. Exemplo?

ARTISTA

O meu desejo é ser pintor – Lionardo,
cujo ideal em piedades se acrisola;
fazendo abrir-se ao mundo a ampla corola
do sonho ilustre que em meu peito guardo...

Meu anseio é, trazendo ao fundo pardo
da vida, a cor da veneziana escola,
dar tons de rosa e de ouro, por esmola,
a quanto houver de penedia ou cardo.

Quando encontrar o manancial das tintas
e os pincéis exaltados com que pintas,
Veronese! teus quadros e teus frisos,

irei morar onde as Desgraças moram;
e viverei de colorir sorrisos
nos lábios dos que imprecam ou que choram!

Os Srs. Laurindo de Brito, Martins Fontes, Paulo Setúbal, embora não tenham evidentemente a envergadura de Vicente de Carvalho ou de Francisca Júlia, publicam seus versos. E fazem muito bem. Podia, como eles, publicar meus versos metrificados.

Não sou futurista (de Marinetti). Disse e repito-o. Tenho pontos de contacto com o futurismo. Oswald de Andrade, chamando-me de futurista, errou. A culpa é minha. Sabia da existência do artigo e deixei que saísse. Tal foi o escândalo, que desejei a morte do mundo. Era vaidoso. Quis sair da obscuridade. Hoje tenho orgulho. Não me pesaria reentrar na obscuridade. Pensei que se discutiriam minhas ideias (que nem são minhas): discutiram minhas intenções. Já agora não me calo. Tanto ridicularizariam meu silêncio como esta grita. Andarei a vida de braços no ar, como o "Indiferente" de Watteau.

"Alguns leitores ao lerem estas frases (poesia citada) não compreenderam logo. Creio mesmo que é impossível compreender inteiramente à primeira leitura pensamentos assim esquematizados sem uma certa prática. Nem é nisso que um poeta pode queixar-se dos seus leitores. No que estes se tornam condenáveis é em não pensar que um autor que assina não escreve asnidades pelo simples prazer de experimentar tinta; e que, sob essa extravagância aparente havia um sentido porventura interessantíssimo, que havia qualquer coisa por compreender". João Epstein.

Há neste mundo um senhor chamado Zdislas Milner. Entretanto escreveu isto: "O fato duma obra se afastar de preceitos e regras aprendidas, não dá a medida do seu valor". Perdoe-me dar algum valor a meu livro. Não há pai que, sendo pai, abandone o filho corcunda que se afoga; para salvar o lindo herdeiro do vizinho. A ama-de-leite do conto foi uma grandíssima cabotina desnaturada.

Todo escritor acredita na valia do que escreve. Si mostra é por vaidade. Si não mostra é por vaidade também.

Não fujo do ridículo. Tenho companheiros ilustres.

O ridículo é muitas vezes subjetivo. Independe do maior ou menor alvo de quem o sofre. Criamô-lo para vestir com ele quem fere nosso orgulho, ignorância, esterilidade.

Um pouco de teoria?

Acredito que o lirismo, nascido no subconsciente, acrisolado num pensamento claro ou confuso, cria frases que são versos inteiros, sem prejuízo de medir tantas sílabas, com acentuação determinada. Entroncamento é sueto para os condenados da prisão alexandrina. Há porém raro exemplo dele neste livro. Uso de cachimbo...

A inspiração é fugaz, violenta. Qualquer impecilho a perturba e mesmo emudece. Arte, que, somada a Lirismo, dá Poesia, não consiste em prejudicar a doida carreira do estado lírico para avisá-lo das pedras e cercas de arame do caminho. Deixe que tropece, caia e se fira. Arte é mondar mais tarde o poema de repetições fastientas, de sentimentalidades românticas, de pormenores inúteis ou inexpressivos.

Que Arte não seja porém limpar versos de exageros coloridos. Exagero: símbolo sempre novo da vida como do sonho. Por ele vida e sonho se irmanam. E, consciente, não é defeito, mas meio legítimo de expressão.

"O vento senta no ombro das tuas velas!" Shakespeare. Homero já escrevera que a terra mugia debaixo dos pés de homens a cavalos. Mas você deve saber que há milhões de exageros na obra dos mestres.

Taine disse que o ideal dum artista consiste em "apresentar, mais que os próprios objetos, completa e claramente qualquer característica essencial e saliente deles, por meio de alterações sistemáticas das relações naturais entre as suas partes, de modo a tornar essa característica mais visível e dominadora". O Sr. Luís Carlos, porém, reconheço que tem o direito de citar o mesmo em defesa das suas "Colunas".

Já raciocinou sobre o chamado "belo horrível"? É pena. O belo horrível é uma escapatória criada pela dimensão da orelha de certos filósofos para justificar a atração exercida, em todos os tempos, pelo feio sobre os artistas. Não me venham dizer que o artista, reproduzindo o feio, o horrível, faz obra bela. Chamar de belo o que é feio, horrível, só porque está expressado com grandeza, comoção, arte, é desvirtuar ou desconhecer o conceito da beleza. Mas feio – pecado... Atrai. Anita Malfatti falava-me outro dia no encanto sempre novo do feio. Ora Anita Malfatti ainda não leu Emílio Bayard: "O fim lógico dum quadro é ser agradável de ver. Todavia comprazem-se os artistas em exprimir o singular encanto da feiúra. O artista sublima tudo".

Belo da arte: arbitrário, convencional, transitório – questão de moda. Belo da natureza: imutável, objetivo, natural – tem a eternidade que a natureza tiver. Arte não consegue reproduzir natureza, nem este é seu fim. Todos os grandes artistas, ora consciente (Rafael das Madonas, Rodin do Balzac, Beethoven da Pastoral, Machado de Assis do Brás Cubas), ora inconscientemente (a grande maioria) foram deformadores da natureza. Donde infiro que o belo artístico será tanto mais artístico, tanto mais subjetivo quanto mais se afastar do belo natural. Outros infiram o que quiserem. Pouco me importa.

Nossos sentidos são frágeis. A percepção das coisas exteriores é fraca, prejudicada por mil véus, provenientes das nossas taras físicas e morais: doenças, preconceitos, indisposições, antipatias, ignorâncias, hereditariedade, circunstâncias de tempo, de lugar, etc... Só idealmente podemos conceber os objetos como os atos na sua inteireza bela ou feia. A arte que, mesmo tirando os seus temas do mundo objetivo, desenvolve-se em comparações afastadas, exageradas, sem exatidão aparente, ou indica os objetos, como um universal, sem delimitação qualificativa nenhuma, tem o poder de nos conduzir a essa idealização livre, musical. Esta idealização livre, subjetiva, permite criar todo um ambiente de realidades ideais onde sentimentos, seres e coisas, belezas e defeitos se apresentam na sua plenitude heroica, que ultrapassa a defeituosa percepção dos sentidos. Não sei que futurismo pode existir em quem quase perfilha a concepção estética de Fichte. Fujamos da natureza! Só assim a arte não se ressentirá da ridícula fraqueza da fotografia... colorida.

Não acho mais graça nenhuma nisso da gente submeter comoções a um leito de Procusto para que obtenham, em ritmo convencional, número convencional de sílabas. Já, primeiro livro, usei indiferentemente, sem obrigação de retorno periódico, os diversos metros pares. Agora liberto-me também desse preconceito. Adquiro outros. Razão para que me insultem?

Mas não desdenho baloiços dançarinos de redondilhas e decassílabos. Acontece a comoção caber neles. Entram pois às vezes no cabaré rítmico dos meus versos. Nesta questão de metros não sou aliado; sou como a Argentina: enriqueço-me.

Sobre a ordem? – Repugna-me, com efeito, o que Musset chamou:

"L'art de servir à point un dénoument bien cuit".

Existe a ordem dos colegiais infantes que saem das escolas de mãos dadas, dois a dois. Existe uma ordem nos estudantes das escolas superiores que descem uma escada de quatro em quatro degraus, chocando-se lindamente. Existe uma ordem, inda mais alta, na fúria desencadeada dos elementos.

Quem leciona História do Brasil obedecera a uma ordem que, certo, não consiste em estudar a guerra do Paraguai antes do ilustre acaso de Pedro Álvares. Quem canta seu subconsciente seguirá a ordem imprevista das comoções, das associações de imagens, dos contatos exteriores. Acontece que o tema às vezes descaminha.

O impulso clama dentro de nós como turba enfurecida. Seria engraçadíssimo que a esta se dissesse:

"Alto lá! Cada qual berre por sua vez; e quem tiver o argumento mais forte, guarde-o para o fim!"

A turba é confusão aparente. Quem souber afastar-se idealmente dela, verá o imponente desenvolver-se dessa alma coletiva, falando a retórica exata das reivindicações.

Minhas reivindicações? Liberdade. Uso dela; não abuso. Sei embridá-la nas minhas verdades filosóficas e religiosas; porque verdades filosóficas, religiosas, não são convencionais como a Arte, são verdades. Tanto não abuso! Não pretendo obrigar ninguém a seguir-me. Costumo andar sozinho.

Virgílio, Homero, não usaram rima. Virgílio. Homero, têm assonâncias admiráveis.

A língua brasileira é das mais ricas e sonoras. E possui o admirabilíssimo "ão".

Marinetti foi grande quando redescobriu o poder sugestivo, associativo, simbólico, universal, musical da palavra em liberdade. Aliás: velha como Adão. Marmetti errou: fez dela sistema. É apenas auxiliar poderosíssimo. Uso palavras em liberdade. Sinto que o meu copo é grande demais para mim, e inda bebo no copo dos outros.

Sei construir teorias engenhosas. Quer ver? A poética está muito mais atrasada que a música. Esta abandonou, talvez mesmo antes do século 8, o regime da melodia quando muito oitavada, para enriquecer-se com os infinitos recursos da harmonia. A poética, com rara exceção até meados do século 19 francês, foi essencialmente melódica. Chamo de verso melódico o mesmo que melodia musical: arabesco horizontal de vozes (sons) consecutivas, contendo pensamento inteligível. Ora, si em vez de unicamente usar versos melódicos horizontais: "Mnezarete, a divina, a pálida Phrynea comparece ante a austera e rígida assembleia do Areópago supremo..." fizermos que se sigam palavras sem ligação imediata entre si: estas palavras, pelo fato mesmo de se não seguirem intelectual, gramaticalmente, se sobrepõem umas às outras, para a nossa sensação, formando, não mais melodias, mas harmonias. Explico melhor: Harmonia: combinação de sons simultâneos. Exemplo: "Arroubos... Lutas... Seta... Cantigas... Povoar!..." Estas palavras não se ligam. Não formam enumeração. Cada uma é frase, período elíptico, reduzido ao mínimo telegráfico. Si pronuncio "Arroubos", como não faz parte de frase (melodia), a palavra chama a atenção para seu insulamento e fica vibrando, à espera duma frase que lhe faça adquirir significado e QUE NÃO VEM. "Lutas" não dá conclusão alguma a "Arroubos"; e, nas mesmas condições, não fazendo esquecer a primeira palavra, fica vibrando com ela. As outras vozes fazem o mesmo. Assim: em vez de melodia (frase gramatical) temos acorde arpejado, harmonia, – o verso harmônico. Mas, si em vez de usar só palavras soltas, uso frases soltas: mesma sensação de superposição, não já de palavras (notas) mas de frases (melodias). Portanto: polifonia poética. Assim, em *Pauliceia Desvairada* usam-se o verso melódico: "São Paulo é um palco de bailados russos"; o verso harmônico: "A cainçalha... A Bolsa... As jogatinas..." e a polifonia poética (um e às vezes dois e mesmo mais versos consecutivos): "A engrenagem trepida... A bruna neva..." Que tal? Não se esqueça porém que virá destruir tudo isto que construí. Para ajuntar à teoria:

1º.

Os gênios poéticos do passado conseguiram dar maior interesse ao verso melódico, não só criando-o mais belo, como fazendo-o mais variado, mais comotivo, mais imprevisto. Alguns mesmo conseguiram formar harmonias, por vezes ricas. Harmonias porém inconscientes, esporádicas. Provo inconsciência: Victor Hugo, muita vez harmônico, exclamou depois de ouvir o quarteto do Rigoletto: "Façam que possa combinar simultaneamente várias frases e verão de que sou capaz". Encontro anedota em Galli, Estética Musical. Se non é vero...

2º.

Há certas figuras de retórica em que podemos ver embrião da harmonia oral, como na lição das sinfonias de Pitágoras encontramos germe da harmonia musical. Antítese – genuína dissonância. E si tão apreciada é justo porque poetas como músicos, sempre sentiram o grande encanto da dissonância, de que fala G. Migot.

3º.

Comentário à frase de Hugo. Harmonia oral não se realiza, como a musical, nos sentidos, porque palavras não se fundem como sons, antes baralham-se tornam-se incompreensíveis. A realização da harmonia poética efetua-se na inteligência. A compreensão das artes do tempo nunca é imediata, mas mediata. Na arte do tempo coordenamos atos de memória consecutivos, que assimilamos num todo final. Este todo, resultante de estados de consciência sucessivos, dá a compreensão final, completa da música, poesia, dança terminada. Victor Hugo errou querendo realizar objetivamente o que se realiza subjetivamente, dentro de nós.

4º.

Os psicólogos não admitirão a teoria... E responder-lhes com o "Só-quem-ama" de Bilac. Ou com os versos de Heine de que Bilac tirou o "Só-quem-ama". Entretanto: si você já teve por acaso na vida um acontecimento forte, imprevisto (já teve, naturalmente) recorde-se do tumulto desordenado das muitas ideias que nesse momento lhe tumultuaram no cérebro. Essas ideias, reduzidas ao mínimo telegráfico da palavra, não se continuavam, porque não faziam parte de frase alguma, não tinham resposta, solução, continuidade. Vibravam, ressoavam, amontovam-se, sobrepunham-se. Sem ligação, sem concordância aparente – embora nascidas do mesmo acontecimento – formavam, pela sucessão rapidíssima, verdadeiras simultaneidades, verdadeiras harmonias acompanhando a melodia enérgica e larga do acontecimento.

5º.

Bilac, Tarde, é muitas vezes tentativa de harmonia poética. Daí, em parte ao menos, o estilo novo do livro. Descobriu, para a língua brasileira, a harmonia poética, antes dele empregada raramente (Gonçalves Dias, genialmente, na cena de luta, Y – Juca – Pirama). O defeito de Bilac foi não metodizar o invento; tirar dele todas as consequências. Explica-se historicamente seu defeito: Tarde é um apogeu. As decadências não vêm depois dos apogeus. O apogeu já é a decadência, porque sendo estagnação não pode conter em si um progresso, uma evolução ascensional. Bilac representa uma fase destrutiva da poesia; porque toda perfeição em arte significa destruição. Imagino o seu susto, leitor, lendo isto. Não tenho tempo para explicar: estude si quiser. O nosso primitivismo representa uma nova fase construtiva. A nós compete esquematizar metodizar as lições do passado.

Volto ao poeta. Ele fez como os criadores do Organum medieval: aceitou harmonias de quartas e de quintas desprezando terceiras, sextas, todos os demais intervalos. O número das suas harmonias é muito restrito. Assim, "... o ar e o chão, a fauna e a flora, a erva e o pássaro, a pedra e o tronco, os ninhos e a hera, a água e o réptil, a folha e o inseto, a flor e a fera" dá impressão duma longa, monótona série de quintas medievais, fastidiosa, excessiva, inútil, incapaz de sugestionar o ouvinte e dar-lhe a sensação do crepúsculo na mata.

Lirismo: estado efetivo sublime – vizinho da sublime loucura. Preocupação de métrica e de rima prejudica a naturalidade livre do lirismo objetivado. Por isso poetas sinceros confessam nunca ter escrito seus milhores versos. Rostand por exemplo: e, entre nós, mais ou menos, o sr. Amadeu Amaral. Tenho a felicidade de escrever meus milhores versos. Milhor do que isso não posso fazer.

Ribot disse algures que inspiração é telegrama cifrado transmitido pela atividade inconsciente à atividade consciente que o traduz. Essa atividade consciente pode ser repartida entre poeta e leitor. Assim aquele que não escorcha e esmiuça friamente o momento lírico; e bondosamente concede ao leitor a glória de colaborar nos poemas.

"A linguagem admite a forma dubitativa que o mármore não admite". Renan.

"Entre o artista plástico e o músico está o poeta, que se avizinha do artista plástico com a sua produção consciente, enquanto atinge as possibilidades do músico no fundo obscuro do inconsciente". De Wagner.

Você está reparando de que maneira costumo andar sozinho...

Dom Lirismo, ao desembarcar do Eldorado do Inconsciente no cais da terra do Consciente, é inspecionado pela visita médica, a Inteligência, que o alimpa dos macaquinhos e de toda e qualquer doença que possa espalhar confusão, obscuridade na terrinha progressista. Dom Lirismo sofre mais uma visita alfandegária, descoberta por Freud, que a denominou Censura. Sou contrabandista! E contrário à lei da vacina obrigatória.

Parece que sou todo instinto... Não é verdade. Há no meu livro, e não me desagrada, tendência pronunciadamente intelectualista. Que quer você? Consigo passar minhas sedas sem pagar direitos. Mas é psicologicamente impossível livrar-me das injeções e dos tônicos.

A gramática apareceu depois de organizadas as línguas. Acontece que meu inconsciente não sabe da existência de gramáticas, nem de línguas organizadas. E como Dom Lirismo é contrabandista...

Você perceberá com facilidade que si na minha poesia a gramática às vezes é desprezada, graves insultos não sofre neste prefácio interessantíssimo. Prefácio: rojão do meu eu superior. Versos: paisagem do meu eu profundo.

Pronomes? Escrevo brasileiro. Si uso ortografia portuguesa é porque, não alterando o resultado, dá-me uma ortografia.

Escrever arte moderna não significa jamais para mim representar a vida atual no que tem de exterior: automóveis, cinema, asfalto. Si estas palavras frequentam-me o livro não é porque pense com elas escrever moderno, mas porque sendo meu livro moderno, elas têm nele sua razão de ser.

Sei mais que pode ser moderno artista que se inspire na Grécia de Orfeu ou na Lusitânia de Nun'Álvares. Reconheço mais a existência de temas eternos, passíveis de afeiçoar pela modernidade: universo, pátria, amor e a presença-dos-ausentes, ex-gozo-amargo-de-infelizes.

Não quis também tentar primitivismo vesgo e insincero. Somos na realidade os primitivos duma era nova. Esteticamente: fui buscar entre as hipóteses feitas por psicólogos, naturalistas e críticos sobre os primitivos das eras passadas, expressão mais humana e livre de arte.

O passado é lição para se meditar, não para reproduzir.

"E tu che sé costí, anima viva,
Partiti da cotesti che son morti".

Por muitos anos procurei-me a mim mesmo. Achei. Agora não me digam que ando à procura de originalidade, porque já descobri onde ela estava, pertence-me, é minha.

Quando uma das poesias deste livro foi publicada, muita gente me disse: "Não entendi". Pessoas houve porém que confessaram: "Entendi, mas não senti". Os meus amigos... percebi mais duma vez que sentiam, mas não entendiam. Evidentemente meu livro é bom.

Escritor de nome disse dos meus amigos e de mim que ou éramos gênios ou bestas. Acho que tem razão. Sentimos, tanto eu como meu amigos, o anseio do farol. Si fôssemos tão carneiros a ponto de termos escola coletiva, esta seria por certo o "Farolismo". Nosso desejo: alumiar. A extrema-esquerda em que nos colocamos não permite meio-termo. Si gênios: indicaremos o caminho a seguir; bestas: naufrágios por evitar.

Canto da minha maneira. Que me importa si me não entendem? Não tenho forças bastantes para me universalizar? Paciência. Com o vário alaúde que construí, me parto por essa selva selvagem da cidade. Como o homem primitivo cantarei a princípio só. Mas canto é agente simpático: faz renascer na alma dum outro predisposto ou apenas sinceramente curioso e livre, o mesmo estado lírico provocado em nós por alegrias, sofrimentos, ideais. Sempre hei-de achar também algum, alguma que se embalarão à cadência libertária dos meus versos. Nesse momento: novo Anfião moreno e caixa-d'óculos, farei que as próprias pedras se reúnam em muralhas à magia do meu cantar. E dentro dessas muralhas esconderemos nossa tribo.

Minha mão escreveu a respeito deste livro que "não tinha e não tem nenhuma intenção de o publicar". *Jornal do Comércio*, 6 de Junho. Leia frase de Gourmont sobre contradição: 1º volume das *Promenades Littéraires*. Rui Barbosa tem sobre ela página lindíssima, não me recordo onde. Há umas palavras também em João Cocteau, *La Noce Massacrée*.

Mas todo este prefácio, com todo o disparate das teorias que contém, não vale coisíssima nenhuma. Quando escrevi *Pauliceia Desvairada* não pensei em nada disto. Garanto porém que chorei, que cantei, que ri, que berrei Eu vivo!

Aliás versos não se escrevem para leitura de olhos mudos. Versos cantam-se, urram-se, choram-se. Quem não souber cantar não leia Paisagem nº 1. Quem não souber urrar não leia Ode ao Burguês. Quem não souber rezar, não leia Religião. Desprezar: A Escalada. Sofrer: Colloque Sentimental. Perdoar: a cantiga do berço, um dos solos de Minha Loucura, das Enfibraturas do Ipiranga. Não continuo. Repugna-me dar a chave de meu livro. Quem for como eu tem essa chave.

E está acabada a escola poética. "Desvairismo".

Próximo livro fundarei outra.

E não quero discípulos. Em arte: escola = imbecilidade de muitos para vaidade dum só.

Poderia ter citado Gorch Fock. Evitava o Prefácio Interessantíssimo. "Toda canção de liberdade vem do cárcere".

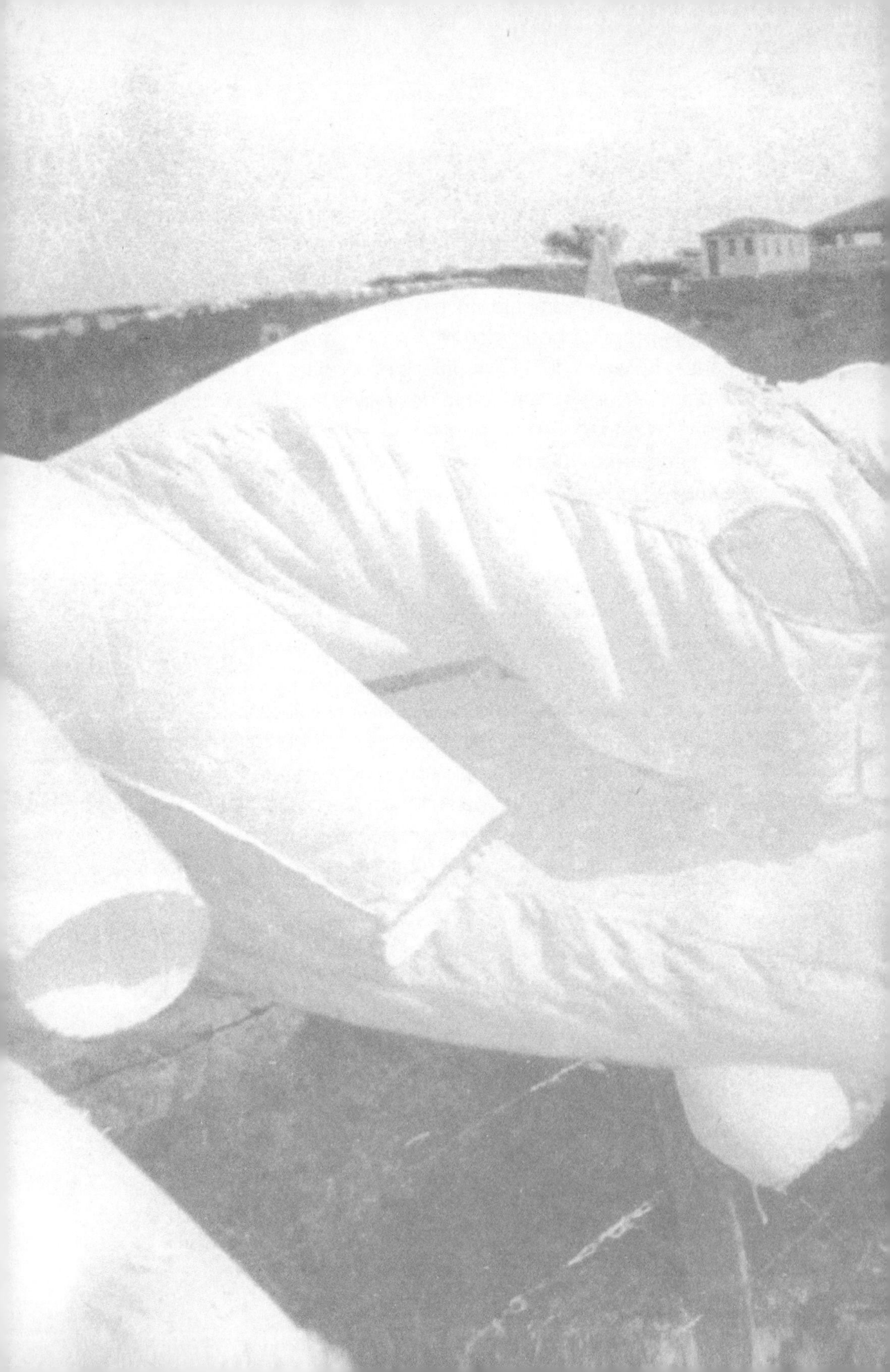

A escrava que não é Isaura – 1925

A Osvaldo de Andrade

Vida que não seja consagrada a procurar
não vale a pena de ser vivida.

Platão

Be thou the tenth Muse; ten times more in worth
Than those old nine which rhymers invocate!

Shakespeare

Parábola

Começo por uma história. Quase parábola. Gosto de falar por parábolas como Cristo... Uma diferença essencial que desejo estabelecer desde o princípio: Cristo dizia: "Sou a Verdade." E tinha razão. Digo sempre: "Sou a minha verdade." E tenho razão. A Verdade de Cristo é imutável e divina. A minha é humana, estética e transitória. Por isso mesmo jamais procurei ou procurarei fazer proselitismo. É mentira dizer-se que existe em S. Paulo um igrejó literário em que pontifico. O que existe é um grupo de amigos, independentes, cada qual com suas ideias próprias e ciosos de suas tendências naturais. Livre a cada um de seguir a estrada que escolher. Muitas vezes os caminhos coincidem... Isso não quer dizer que haja discípulos pois cada um de nós é o deus de sua própria religião (vide apêndice A). Vamos à história!

...e Adão viu Iavé tirar-lhe da costela um ser que os homens se obstinam em proclamar a coisa mais perfeita da criação: Eva. Invejoso e macaco o primeiro homem resolveu criar também. E como não soubesse ainda cirurgia para uma operação tão interna quanto extraordinária tirou da língua um outro ser. Era também – primeiro plágio! – uma mulher. Humana, cósmica e bela. E para exemplo das gerações futuras Adão colocou essa mulher nua e eterna no cume do Ararat. Depois do pecado porém indo visitar sua criatura notou-lhe a maravilhosa nudez. Envergonhou-se. Colocou-lhe uma primeira coberta: a folha de parra.

Caim, porque lhe sobrassem rebanhos com o testamento forçado de Abel, cobriu a mulher com um velocino alvíssimo. Segunda e mais completa indumentária. E cada nova geração e as raças novas sem tirar as vestes já existentes sobre a escrava do Ararat sobre ela depunham os novos refinamentos do trajar. Os gregos enfim deram-lhe o coturno. Os romanos o peplo. Qual lhe dava um colar, qual uma axorca. Os indianos, pérolas; os persas, rosas; os chins, ventarolas.

E os séculos depois dos séculos...

Um vagabundo genial nascido a 20 de outubro de 1854 passou uma vez junto do monte. E admirou-se de, em vez do Ararat de terra, encontrar um Gaurisancar de sedas, cetins, chapéus, joias, botinas, máscaras, espartilhos... que sei lá! Mas o vagabundo quis ver o monte e deu um chute de 20 anos naquela heterogênea roupаria. Tudo desapareceu por encanto. E o menino descobriu a mulher nua, angustiada, ignara, falando por sons musicais, desconhecendo as novas línguas, selvagem, áspera, livre, ingênua, sincera.

A escrava do Ararat chamava-se Poesia.

O vagabundo genial era Artur Rimbaud.

Essa mulher escandalosamente nua é que os poetas modernistas se puseram a adorar... Pois não há de causar estranheza tanta pele exposta ao vento à sociedade educadíssima, vestida e policiada da época atual?

Primeira parte

Começo por conta de somar:

Necessidade de expressão + necessidade de comunicação + necessidade de ação + necessidade de prazer = Belas Artes.

Explico: o homem pelos sentidos recebe a sensação. Conforme o grau de receptividade e de sensibilidade produtiva sente sem que nisso entre a mínima parcela de inteligência a NECESSIDADE DE EXPRESSAR a sensação recebida por meio do gesto (1). (Falo *gesto* no sentido empregado por Ingenieros: gritos, sons musicais, sons articulados, contrações faciais e o gesto propriamente dito). A esta necessidade de expressão – inconsciente, verdadeiro ato reflexo – junta-se a NECESSIDADE DE COMUNICAÇÃO de ser para ser tendente a recriar no espectador uma comoção análoga à do que a sentiu primeiro.

O homem nunca está inativo. Por uma condenação aasvérica movemo-nos sempre no corpo ou no espírito. Num lazer pois (e é muito provável que largos fossem os lazeres nos tempos primitivos) o homem por NECESSIDADE DE AÇÃO rememora os gestos e os reconstrói. Brinca. Porém CRITICA esses gestos e procura realizá-los agora de maneira *mais expressiva* e – quer porque o sentimento do belo seja intuitivo, quer porque o tenha adquirido pelo amor e pela contemplação das coisas naturais – de maneira *mais agradável.*

Já agora temos bem característico o fenômeno: bela-arte.

Das artes assim nascidas a que se utiliza de vozes articuladas chama-se poesia.

(É a minha conjectura. Verão os que sabem que embora sistematizando com audácia não me afasto das conjecturas mais correntes, feitas por psicólogos e estetas, a respeito da origem das belas-artes.)

Os ritmos preconcebidos, as rimas, folhas de parra e velocinos alvíssimos vieram posteriormente a pouco e pouco, prejudicando a objetivação expressiva das representações, sensualizando a nudez virgem da escrava do Ararat.

E se vos lembrardes de Aristóteles recordareis como ele toma o cuidado de separar o conceito de poesia dos processos métricos de realizar a comoção.

"É verdade – escreve na Poética – que os homens, unindo as palavras 'compositor' ou 'poeta' com a palavra 'metro' dizem 'poetas épicos', 'elegíacos', como se o apelativo poeta proviesse, não já da *imitação* mas... do *metro*... Na verdade nada há de comum entre Homero e Empédocles *a não ser o verso*, todavia àquele será justo chamar-lhe poeta, a este fisiólogo."

E, pois que falei de metro, não me furto a citar esta conclusão, inconscientemente irônica, de Westphal – talvez o maior estudioso da rítmica grega. Sabeis que a música helênica estava inteira e unicamente sujeita como ritmo à métrica do poema. Pois Westphal diz: "Na música dos antigos (fala dos gregos) o ritmo é *um* isto é: baseado na quantidade 1."

Foram raciocínios análogos que levaram Mallarmé a dizer: "*Dès qu'il y a un effort de style, il y a métrification*"... Mas nada de conclusões técnicas!

Adão... Aristóteles... Agora nós.

Paulo Dermée resolve também a concepção modernista de poesia a uma conta de somar. Assim: Lirismo + Arte = Poesia.

Quem conhece os estudos de Dermée sabe que no fundo ele tem razão. Mas errou a fórmula. 1º: Lirismo, estado ativo proveniente da comoção, produz toda e qualquer arte. Da Vinci criando Il cavallo, Greco pintando o Conde de Orgaz, Dostoievsky escrevendo *O duplicata* obedeceram a uma impulsão lírica, tanto como Camões escrevendo Adamastor. 2º: Dermée foi leviano. Diz arte por crítica e por leis estéticas provindas da observação ou mesmo apriorísticas. 3º: E esqueceu o meio utilizado para a expressão. Lirismo + Arte (no sentido de crítica, esteticismo, trabalho) soma belasartes... Corrigida a receita, eis o marrom-glacê: Lirismo puro + Crítica + Palavra = Poesia.

(E escrevo "lirismo puro" para distinguir a poesia da prosa de ficção pois esta partindo do lirismo puro não o objetiva tal como é mas pensa sobre ele, e o desenvolve e esclarece. Enfim: na prosa a inteligência cria sobre o lirismo puro enquanto na poesia modernista o lirismo puro é grafado com o mínimo de desenvolvimento que sobre ele possa praticar a inteligência. Esta pelo menos a tendência embora nem sempre seguida.)

Temos pois igualdade de vistas entre Adão, Aristóteles e a Corja quanto ao conceito de Poesia... São poetas homens que só escreveram prosa ou... jamais escreveram coisa nenhuma. O mais belo poema de D'Annunzio é a aventura de Fiume... Por seu lado muitos versistas são filósofos, historiadores, catedráticos, barbeiros, etc. Excluo da poesia bom número de obras-primas inegáveis, ou na totalidade ou em parte. Não direi quais... Seria expulso do convívio humano... O que aliás não seria mui grande exílio para quem por universal consenso já vive no mundo da lua...

Dei-vos uma receita... Não falei na proporção dos ingredientes. Será: máximo de lirismo e máximo de crítica para adquirir o máximo de expressão. Daí ter escrito Dermée: "O poeta é uma alma ardente, conduzida por uma cabeça fria."

E reparastes que falei em adquirir um máximo de expressão e não um máximo de prazer, de agradável, de beleza enfim? Estará mesmo o Belo excluído da poesia modernista? Certo que não. E mesmo Luís Aragon no fim do esplêndido Lever considera:

La Beauté, la seule vertu
qui tende encore ses mains pures.

Mas a beleza é questão de moda na maioria das vezes. As leis do Belo eterno artístico ainda não se descobriram. E a meu ver a beleza não deve ser um fim. A BELEZA É UMA CONSEQUÊNCIA. Nenhuma das grandes obras do passado teve realmente como fim a beleza. Há sempre uma ideia, acrescentarei: mais vital que dirige a criação das obras-primas. O próprio Mozart que para mim de todos os artistas de todas as artes foi quem melhor realizou a beleza insulada, sujeitou-a à expressão. Apenas pensava que esta não devia ser tão enérgica a ponto de "repugnar pelo realismo".

O que fez imaginar que éramos, os modernizantes, uns degenerados, amadores da fealdade foi simplesmente um erro tolo de unilateralização da beleza. Até os princípios deste século principalmente entre os espectadores acreditou-se que o Belo da arte era o mesmo Belo da natureza. Creio que não é. O Belo artístico é uma criação humana, independente do Belo natural; e somente agora é que se liberta da geminação obrigatória a que o sujeitou a humana estultice. Por isso Tristão Tzara no Cinema Calendrier dirige uma carta a:

francis picabia
qui saute
avec de grandes et de petites idées
pour l'anéantissement de l'ancienne beauté & comp.

Quem procurar o Belo da natureza numa obra de Picasso não o achará. Quem nele procurar o Belo artístico, originário de euritmias, de equilíbrios, da sensação de linhas e de cores, da exata compreensão dos meios pictóricos, encontrará o que procura.

Mas onde está meu assunto?

É que, leitores, a respeito de arte mil e uma questões se amatulam tão intimamente, que falar sobre uma delas é trazer à balha todas as outras... Corto cerce a fala sobre a beleza e desço de tais cogitações olímpicas, 5000 metros acima do mar, ao asfalto quotidiano da poesia de 1922.

Recapitulando: máximo de lirismo e máximo de crítica para obter o máximo de expressão. Vejamos a que conclusões espirituais nos levaram os 3 máximos.

O movimento lírico nasce no eu profundo. Ora: observando a evolução da poesia através das idades que se vê? O aumento contínuo do Gaurisancar de tules, nanzuques, rendas, meias de seda, etc. da parábola inicial. Foi a inteligência romantizada pela preocupação de beleza, que nos levou às duas métricas existentes e a outros crochets, filets e frivolités. Pior ainda: a inteligência, pesando coisas e fatos da natureza e da vida, escolheu uns tantos que ficaram sendo os *assuntos poéticos*.

Ora isto berra diante da observação. O assunto-poético é a conclusão mais antipsicológica que existe. A impulsão lírica é livre, independe de nós, independe da nossa inteligência. Pode nascer de uma réstia de cebolas como de um amor perdido. Não é preciso mais "escuridão da noite nos lugares ermos" nem "horas mortas do alto silêncio" para que a fantasia seja "mais ardente e robusta", como requeria Eurico – homem esquisito que Herculano fez renascer nos idos hiemais de um dezembro romântico. Papini considera mesmo como verdadeiro criador aquele que independe do silêncio, da boa almofada e larga secretária para escrever seu poema genial. Mas que não se perca o assunto: a inspiração surge provocada por um crepúsculo como por uma chaminé matarazziana, pelo corpo divino de uma Nize, como pelo divino corpo de uma Cadillac. Todos os assuntos são *vitais*. Não há temas poéticos. Não há épocas poéticas. Os modernistas derruindo esses alvos mataram o último romantismo remanescente: o gosto pelo exótico.

O que realmente existe é o subconsciente enviando à inteligência telegramas e mais telegramas – para me servir da comparação de Ribot (2). A inteligência do poeta – o qual não mora mais numa torre de marfim – recebe o telegrama no bonde, quando o pobre vai para a repartição, para a Faculdade de Filosofia, para o cinema. Assim virgem, sintético, enérgico, o telegrama dá-lhe fortes comoções, exaltações divinatórias, sublimações, poesia. Reproduzi-las!... E o poeta lança a palavra solta no papel. É o leitor que se deve elevar à sensibilidade do poeta não é o poeta que se deve baixar à sensibilidade do leitor. Pois este que traduza o telegrama!

Mais ainda: o poeta reintegrado assim na vida recebe a palavra solta. A palavra solta é fecundante, evocadora... Associação de imagens. Telegrama: "Espada vitoriosa de Horácio." Associação: "Antena de telegrafia sem fio". Telegrama: "Fios telefônicos, elétricos constringindo a cidade." Associação: "Dedos de Otelo no colo de Desdêmona." Os Horácios + Otelo = 2 assuntos. Os Horácios + Otelo + Antena radiográfica + Fios elétricos = 4 assuntos. Resultado: riqueza, fartura, pletora. Por isso Rimbaud, precursor, exclamava:

Je suis mille fois plus riche!

sem ter um franco no bolso virgem.

E quando, *camelot* sublime, enumerou na praça pública de Solde os amazônicos tesouros da nossa nababia, inda ironicamente completou:

Les vendeurs ne sont pas à bout de solde. Les voyageurs n'ont pas à rendre leurs commissions de si tôt.

Parêntese: não imitamos Rimbaud. Nós desenvolvemos Rimbaud. ESTUDAMOS A LIÇÃO RIMBAUD.

Mas esta abundância de assuntos quotidianos não implica abandono dos assuntos ex-poéticos. Destruir um edifício não significa abandonar o terreno. Na poesia construir agora os Salmos ou I fioretti é errado. Mas o terreno da Religião continua. Claudel escreverá La messe là-bas; Cendrars: Les Pâques à New-York; Papini: Preghiera; João Becher: A Deus; Hrand Nazariantz a Oração das virgens armênias...

Terreno do amor... Transbordava! No lugar da Tristesse d'Olympio Moscardelli construiu Il bordello. E que fúlgidas, novas imagens não despertou o amor nos poetas modernistas! E que ironias, sarcasmos! Junto do carinho de Cocteau a aspereza de Salmon, a sensualidade de Menotti del Picchia...

Estende como uma ara teu corpo; teus lábios
são duas brasas queimando
arômatas do teu hálito...

***

Estende como uma ara teu corpo, teu ventre
é um zimbório de mármore onde
fulge uma estrela!

E Picabia, dadaísta, em *Pensées sans langage*:

boire une tasse de thé
comme une femme facilé

mais adiante porém comovido e ingênuo:

mon amie ressemble à une maison neuve.

O amor existe. Mas anda de automóvel. Não há mais lagos para os Lamartines do século XX!... E o poeta se recorda da última vez que viu a pequena, não mais junto da água doce, mas na disputa da taça entre o Palestra e o Paulistano.

Novas sensações. Novas imagens. A culpa é da vida sempre nova em sua monotonia. Guilherme de Almeida continua amorosíssimo... pelo telefônio. E Luís Aranha endereça à querida este

POEMA ELÉTRICO

Querida,
quando estamos juntos
vem do teu corpo para o meu um jato de desejo
que o corre como eletricidade...

Meu corpo é o polo positivo que pede...
Teu corpo é o polo negativo que recusa...
Se um dia eles se unissem
a corrente se estabeleceria
e nas fagulhas desprendidas
eu queimaria todo o prazer do homem que espera...

E Sérgio Milliet:

REVÊRIE

Ne plus sentir penser ses yeux caméléons
Mais tant de pitié me fait mal
Caméléon
Aventurines
Couleur de mer
Et traîtres
Mais si doux
"J'aime ses yeux couleur d'aventurine"
Quel beau sonnet je pourrais faire
si je n'étais un "futuriste"
Quatre par quatre les rimes
et deux tercets
et un salut "Trois mousquetaires"
Au cinema les D'Artagnan sont ridicules
et j'aime mieux Hayakawa
Ah! le siècle automobile aeroplane 75
Rapidité surtout Rapidité
Mais moi je suis si ROMANTIQUE
Ses yeux
ses yeux
ses yeux caméléons
C'est bien le meilleur adjectif

E escutai mais esta obra-prima de João Cocteau:

Si tu aimes, mon pauvre enfant,
ah! si tu aimes!
il ne faut pas en avoir peur
c'est un inéfable désastre.
Il y a un mystérieux système
et des lois et des influences
pour la gravitation des coeurs
et la gravitation des astres.
On était lá, tranquillement,
sans penser à ce qu'on évite
et puis, tout à coup, on n'en peut plus,
on est à chaque heure du jour
comme si tu descends très vite
en ascenseur:
et c'est l'amour.
Il n'y a plus de livres, de paysages,
de désirs des ciels d'Asie
Il n'y a pour nous qu'un seul visage
auquel le coeur s'anesthésie.
Et rien autour.

Aliás confessemos: a capacidade de amar dos poetas modernistas enfraqueceu singularmente.

Dizem que o amor existe na terra....
Mas que é o amor?

pergunta Bialik, um dos maiores poetas hebreus de hoje.

La femme
mais l'ironie? (3)

pergunta Cendrars, um dos maiores poetas franceses de hoje.

Ninguém passa incólume pelo vácuo de Schopenhauer, pelo escalpelo de Freud, pela ironia do genial Carlito. Ninguém mais ama dois anos seguidos!

A capacidade de gozar aumentou todavia...

Jeunesse! et je n'ai pas baisé toutes les bouches! (4)

Godofredo Benn confessa no Rápido de Berlim que:

Uma mulher basta para uma noite
E se é bonita, até para duas!

A culpa também é da mulher:

Ahimé! tu altro non fai che sfogliare i tuoi baci! (5)

Fosse ela mais confiante, mais conhecedora do seu papel: e os homens chegariam à mesma observação de Ruscoe Purkapile. Traduzo Edgar Lee Masters, americano:

Amou-me! Oh! quanto me amou!
Vão tive a felicidade de escapar
do dia em que pela primeira vez ela me viu.
Mas pensei, depois de nosso casamento,
que ela provaria ser mortal e eu ficaria livre!
Ou mesmo que se divorciasse algum dia!
Poucos morrem porém e ninguém se conforma...
Então fugi. Passei um ano na farra.
Mas nunca se queixou. Dizia que tudo acabaria bem,
que eu voltaria. E voltei.
Contei-lhe que enquanto remava
fora preso perto de Van Buren Street
pelos piratas do lago Michigan
e encadeado de forma que não lhe pude escrever.
Ela chorou, beijou-me, disse que isso era cruel
inaudito, desumano.
Então verifiquei que nosso casamento

era uma divina finalidade
e não poderia ser dissolvido
senão pela morte.
Eu tinha razão.

Max Jacob, no final de seu Dom João, sintetiza a descarada psicologia da Corja. Depois da aparição do coro vestido com roupas de meia cor-de-rosa:

Flanelle! Flanelle!
Nous sommes encore pucelles
Nous avons été mystifiées
Mais nous allons être vengées
Flanelle! Flanelle!

o comendador volta-se para Dom João e diz:

Vous êtes le mauvais amant!

e Dom João confuso:

Je manque de tempérament.

E como o amor os outros assuntos poéticos. Ouvi a pátria inspirando o magnífico Folgore – porventura o maior e certo mais moderno do grupo futurista italiano:

Italia
parola azzurra
bisbigliata sull'infinito
da questa razza adolescente,
ch'ha sempre
una poesia nuova da costruire
una gloria nuova da conquistare.
Italia:
primavera di sillabe
fiorite come le rose dei giardini
peninsulari,

stellata come i firmamenti del Sud
fatti con immense arcate di blú.
Italia:
nome nostro e dei nostri figli,
via maestra del nostro amore,
rifugio odoroso dei nostri pensieri,
ultimo bacio sulle nostre palpebre
nel giorno che la morte
serenamente verrà.

É inútil confessar que prefiro estas coisas simples, reditas e novíssimas aos latejo-em-ti altissonantes e vazios que aí correm mundo com foros de poesia.

Mas: aí está na liberdade dos assuntos a riqueza do poeta modernista:

Ecoutez-moi, je suis le gosier de Paris
Et je boirais encore, s'il me plaît, l'univers!

dissera Apollinaire. Luís Aranha bebeu o universo. Matou tzares na Rússia, amou no Japão, gozou em Paris, roubou nos Estados Unidos, por simultaneidade, sem sair de S. Paulo, só porque no tempo em que ginasiava às voltas com a geografia, adoeceu gravemente e delirou. Surgiu o admirável Poema Giratório.

Guilherme de Almeida, esse então transportou-se nas ondas dos livros para as praias do Egeu e escreve as Canções gregas.

Epígrafe

Eu perdi minha frauta selvagem
entre os caniços do lago de vidro.
Juncos inquietos da margem,
peixes de prata e de cobre brunido
que viveis na vida móvel das águas,

cigarras das árvores altas,
folhas mortas que acordais ao passo alípede das ninfas,
algas,
lindas algas limpas:
– se encontrardes
a frauta que eu perdi, vinde, todas as tardes,
debruçar-vos sobre ela! E ouvireis os segredos
sonoros, que os meus lábios e os meus dedos
deixaram esquecidos entre
os silêncios ariscos do seu ventre.

Recordados de que Whitman dissera:

Escreverei os poemas dos materiais; pois penso que
serão os mais espirituais de todos os poemas!

os poetas modernistas consultando a liberdade das impulsões líricas puseram-se a cantar tudo: os materiais, as descobertas científicas e os esportes. O automóvel para Marinetti, o telégrafo para La Rochelle, as assembleias constituintes para o russo Alexandre Blox, o cabaré para o espanhol De Torre, Ivan Goll alsaciano trata de Carlito, Leonhard alemão inspira-se em Liebknecht enquanto Eliot americano aplica em poemas as teorias de Einstein, eminentemente líricas. E tudo, tudo o que pertence à natureza e à vida nos interessa. Daí uma abundância, uma fartura contra as quais não há leis fânias. Daí também uma Califórnia de imagens novas, tiradas das coisas modernas ou pelo menos quotidianas:

C'est le Christ qui monte au ciel mieux que les aviateurs

canta Apollinaire; e Govoni vê o

vecchio chiaro di luna
dolce come la spumosa ballerina
che danza sul palcoscenico

ou

> *...i campanili,*
> *stagioni di telegrafia senza fili*
> *delle anime,*
> *che riprendono le loro interrotte*
> *comunicazioni col cielo.*

para Carlos Alberto de Araujo:

> ...o vento rasteiro
> vestido de poeira...

Não! É impossível resistir a este repuxo de imagens. Cito por inteiro a Tempestade:

> Os relâmpagos chicoteiam com fúria
> os cavalos cinzentos das nuvens
> para chegar mais depressa à Terra.
>
> As trovoadas longínquas parecem
> caminhões cheios de água em disparada
> por velhas ruas mal calçadas.
>
> E o vento rasteiro
> vestido de poeira
> passa faminto como um cão
> farejando a Terra...
> A chuva já passou.
>
> A noite límpida é um menino
> saindo detrás das montanhas.
>
> E ele vem correndo, vem correndo,
> alegremente,
> todo molhado.
>
> Os homens assombrados

julgando-o perdido
estavam já desanimados.

Mas ele vem correndo, vem correndo
alegremente
todo molhado.

Vem correndo... E, quando encontra
os homens cheios de olhares,
para e estende os braços úmidos
e vai espalhando pelo céu,
cheio de orgulho,
os mil pedaços ainda móveis
da verde cobra fosforescente
que matou nas florestas, atrás das montanhas...

Leigh Henry dissera militarmente:

o longínquo luziluzir
– brilhantes baionetas –
das estrelas...

Wolfenstein no poema *Nacht im Dorfe* confessa ingenuamente que o simples “ruído dum inseto põe-me um automóvel na frente”.

O tesoiro é alibabesco!
– Cantar a vida... Não há novidade nisso!
– Concedo. O que há é modernidade em cantar a *vida de hoje*.

Mas onde nos levou a contemplação do pletórico século 20?
Ao redescobrimento da Eloquência.

Teorias e exemplo de Mallarmé, o errado

Prends l'eloquence et tords-lui son cou

de Verlaine, deliciosos poetas do não-vai-nem-vem não preocupam mais a sinceridade do poeta modernista.

Da Itália, da Rússia, da Alemanha, dos Estados Unidos, povos de sentimentos fortes, de caracteres cubistas, angulares, o verso-mélisande, o verso-flou foi totalmente banido.

Aliás nunca foi preceito estético nesses países. Mas na própria França (inegavelmente mais sutil) a eloquência profética dum Claudel existe e é apreciada. Duhamel, Salmon, Cendrars, Romains são eloquentes.

– Abaixo a retórica!

– Com muito prazer. Mas que se conserve a eloquência filha legítima da vida.

É verdade que a França ainda está muito próxima das *Fêtes Galantes* e da *Prose pour des Esseintes*...

Na Alemanha, na Rússia, na Itália a eloquência domina.

Na Península é mais questão de temperamento. Na Alemanha, na Rússia é questão de momento, de sofrimento.

O alsaciano Ivan Goll, escrevendo indiferentemente em francês e alemão, canta a paz:

Cada um de nós leva o céu no peito!
Gentes dos polos e do equador dai-vos as mãos!
Misturai-vos como as águas dos oceanos!
. . . .
Inesgotáveis as geleiras do mundo,
inesgotáveis os corações dos homens!

O poeta é alsaciano. Sente-se que ama de igual paixão França e Alemanha. Diante dessa trapalhada de sentimentos antagônicos é natural que cante a paz. Para Marinetti e sequazes porém a guerra é a "higiene do mundo" – o que mais ou menos concorda com as ideias de Gourmont sobre as revoluções.

Walter von Molo em *Spruche der Seele* cristaliza com vivacidade a eloquência vária das falas da alma que mais psicologicamente se chamariam movimentos do sub-eu. É admirável. Em poema de

poucos versos vede a transição sugestiva:
Inermes somos!
Não há defesa contra os acontecimentos.
Oscilamos no pulso da ruína.
. . . .
Rompe-se
a escassa posse do mundo.
O espírito
olha sorrindo
na esperança da vitória!
Para ele estão sempre
abertos
todos os céus!

Na Rússia então reina a tumultuária floração dos poetas bolchevistas, legítimos rapsodos, sobre os quais paira soberana a memória de Alexandre Blok. Eis um trecho arquimoderno de Maiakovski:

Camaradas,
às barricadas!
Às barricadas dos corações e das almas!!
Só será verdadeiro comunista
o que queimar as pontes de retirada!
Nada de marchar, futuristas,
um salto para o futuro!
Não basta construir locomotivas!
...prepararam as rodas e se foram...
Se o canto não incendeia as estações
de que vale a corrente alternada?

Acumulai sons e mais sons!
E para a frente
a cantar, a assobiar!
Ainda há letras boas
RC
H
CHTSCH
Basta de verdades sem valor!
Apaga o antigo do teu coração!
Sejam as ruas nossos pincéis!
As praças nossas paletas!

Eu por mim não estou de acordo com aquele salto para o futuro. Vejo Lineu a rir da linda ignorância do poeta. Também não me convenço de que se deva apagar o antigo. Não há necessidade disso para continuar para frente. Demais: o antigo é de grande utilidade. Os tolos caem em pasmaceira diante dele e a gente pode continuar seu caminho, livre de tão nojenta companhia.

Maiakovski exagerou.

Esse exagero é natural, justificável, direi mesmo necessário em todas as revoluções. E ainda mais por se tratar de um russo a cantar essa Rússia convulsa que permitiu a Marina Tsvetoiewa o belíssimo, doloroso grito:

"Épocas há em que o sol é um pecado mortal!"

Mas não basta justificar os exageros dos poetas modernistas de Alemanha e Rússia sofredora. Não basta justificar esses menestréis patrióticos com as sombras de Vítor Hugo, Whitman e Verhaeren.

É preciso justificar todos os poetas contemporâneos, poetas sinceros que, sem mentiras nem métricas, refletem a eloquência vertiginosa da nossa vida.

Je suis honteux de mentir à mon oeuvre
Et que mon oeuvre mente à ma vie. (6)

É justo que em 1921 Menotti del Picchia entoe o Pean de sua vitória pessoal, como foi natural que Heredia, contrapondo-se ao romantismo do sentimento, caísse no romantismo técnico do seu verso "implacablement beau" (7).

Mas os poetas modernistas não se *impuseram* esportes, maquinarias, eloquências e exageros como princípio de todo lirismo. Oh não! Como os verdadeiros poetas de todos os tempos, como Homero, como Virgílio, como Dante, o que cantam é a época em que vivem. E é por seguirem os velhos poetas que os poetas modernistas são tão novos. Acontece porém que no palco de nosso século se representa essa ópera barulhentíssima a que Leigh Henry lembrou o nome: Men-in-the-street... Representemo-la.

Assim pois a modernizante concepção de Poesia que, aliás, é a mesma de Adão e de Aristóteles e existiu em todos os tempos, mais ou menos aceita, levou-nos a dois resultados – um novo, originado dos progressos da psicologia experimental; outro antigo, originado da inevitável realidade:

1º: respeito à liberdade do subconsciente. Como consequência: destruição do assunto poético.

2º: o poeta reintegrado na vida do seu tempo. Por isso: renovação da sacra fúria.

Segunda parte

Mas essa inovação (respeito à liberdade do subconsciente), que é justificada pela ciência (8), leva a conclusões e progressos. É por ela que o homem atingirá na futura perfeição de que somos apenas e modestamente os primitivos o ideal inegavelmente grandioso da "criação pura" de que fala Uidobro.

Novidade pois só existe uma: objetivação mais aproximada possível da consciência subliminal.

Mas isso ainda não é arte.

Falta o máximo de crítica de que falei e que Jorge Migot chama de "vontade de análise".

Agora vereis se essa vontade de análise existe, pela concordância dos princípios estéticos e técnicos que já determinamos com o princípio psicológico de que partimos. Todas as leis proclamadas pela estética da nova poesia derivam corolariamente da observação do moto-lírico (B).

Derivam não é bem exato. Fazem parte dele. Têm mais ou menos o papel das homeomerias de Anaxágoras: concorrem para a existência do lirismo – sempre vário, em constante mudança.

Tecnicamente são:

Verso livre,

Rima livre,

Vitória do dicionário.

Esteticamente são:

Substituição da Ordem Intelectual pela Ordem Subconsciente,

Rapidez e Síntese,

Polifonismo.

Denomino Polifonismo a Simultaneidade dos franceses, com Epstein por cartaz, o Simultaneismo de Fernando Divoire, o Sincronismo de Marcelo Fabri.

Explicarei mais adiante estes *ismos* e a razão do meu termo.

Verso livre e Rima livre...

Ainda será preciso discuti-los!

Continuar no verso medido é conservar-se na melodia quadrada e preferi-la à melodia infinita de que a música se utiliza sistematicamente desde a moda Wagner sem que ninguém a discuta mais.

A música, desque temos conhecimento dela, começou com a melodia infinita. Assim os fragmentos gregos que possuímos, assim as melodias dos selvagens, assim o canto gregoriano. Depois, influenciada pela poesia provençal, pelas danças e principalmente com a inovação do compasso (da "barra de divisão" como irritadamente diz o belga Closson) a melodia tornou-se quadrada. Muito depois nas lutas românticas do século passado reconheceu que estava em caminho errado e voltou resolutamente (9) à melodia infinita que ninguém discute mais.

A poesia...

É muito provável que Adão não poetasse à moda saloia:

"Quem parte leva saudades
Quem fica saudades tem."

E muito menos ainda no sábio e erudito alexandrino.

Creio mesmo que plagiou os versos de Paulo Claudel, fortemente ritmados mas livres.

Nada mais natural.

O que interessa sob o ponto de vista formal na constituição das artes do tempo é o ritmo.

Ritmo não significa volta periódica dos mesmos valores de tempo.

Isto será quando muito euritmia.

Euritmia aldeã rudimentar e monótona.

Ritmo é toda combinação de valores de tempo e mais os acentos, por isso convém que a oração (na prosa) tenha ritmo, mas não o metro, pois, se tornaria então poesia (Aristóteles, Retórica, livro III, Cap. VIII, 3).

Dirão que isto é cair na prosa...

Sob o aspecto "zabumba e caixa" de Castelo Branco, será.

Já se observou a tendência dos poetas modernistas a escreverem em prosa...

João Becher, cujo recente livro *Das neue Gedichte* recebo apenas, emparelha versos de uma linha e versos de 20 ou mais linhas!

Mas o que distingue a prosa da poesia não é o metro, com mil bombas!

Será preciso repetir ainda o Estagirita?

E digo mais:

O verso continua a existir. Mas corresponde aos dinamismos interiores brotados sem preestabelecimento de métrica qualquer. E como cada transformação (10) é geralmente traduzida num juízo inteiro (tomo juízo na mais larga acepção possível) segue-se que na maioria das vezes o verso corresponde a um juízo.

Nem sempre.

O entroncamento ainda é empregado. Mas não significa mais pensamento que exorbita de tantas sílabas poéticas, senão ritmos interiores dos quais o poeta não tem que dar satisfação a ninguém; e algumas vezes fantasias expressivas, pausas respiratórias, efeitos cômicos, etc.

Quanto à rima... nem se discute.

Estamos bem acompanhados na Grécia como no Brasil... com a Nebulosa de Joaquim Manoel de Macedo.

E assim mesmo os poetas modernistas utilizam-se da rima. Mas na grande maioria das vezes da que chamei "Rima livre", variada, imprevista, irregular, muitas vezes ocorrendo no interior do verso. (11)

Eis como Ronald de Carvalho se serve e desdenha da rima indiferentemente:

INTERIOR

Poeta dos trópicos, tua sala de jantar
é simples e modesta como um tranquilo pomar;

no aquário transparente, cheio de água limosa,
nadam peixes vermelhos, doirados e cor-de-rosa,

entra pelas verdes venezianas uma poeira luminosa,
uma poeira de sol, trêmula e silenciosa,

uma poeira de luz que aumenta a solidão.
Abre tua janela de par em par. Lá fora, sob o céu de verão

todas as árvores estão cantando! Cada folha

é um pássaro, cada folha é uma cigarra, cada folha é um som...

O ar das chácaras cheira a capim melado,
a ervas pisadas, a baunilha, a mato quente e abafado.

Poeta dos trópicos,
dá-me no teu copo de vidro colorido um gole d'água.
(Como é linda a paisagem no cristal de um copo d'água!)

E agora Manuel Bandeira neste comovente:

BONHEUR LYRIQUE

Coeur de phtisique,
o mon coeur lyrique
ton bonheur ne peut pas être comme celui des autres.

Il faut que tu te fabriques
un bonheur unique
– un bonheur qui soit comme le piteux lustucru enchiffons
d'une enfant pauvre,
fait par elle même...

Mas a assonância principalmente, muito mais natural, muito mais rica, muito mais cósmica é utilizadíssima.

Guilherme de Almeida com seu gosto artístico infalível é que melhor a usou até hoje em língua portuguesa.

O próprio trocadilho... Não o bem feitinho, preparado, inteligente, pretensioso dum Rostand, dum Martins Fontes, Deus nos livre! mas o trocadilho malfeito, burlesco, eficaz, divertidíssimo.

O poeta brinca.
Lasciatemi *divertire!*
canta *Pallazeschi* na *Canzonetta.*
Eis Pellerin:
Drap blanc, satin cardinalice
Dans l'ombre du car dine Alice.
Agora Cocteau:
Le crocodile croque Odile.
ou Paulo Morand:
Sur le ciel vert, d'un pathétique Pathé,
ou ainda Tristão Tzara:
arp l'arc et la barque à barbe d'arbre.
O poeta brinca.

Brincadeira sem importância mas que entre outros benefícios traz o de irritar até a explosão os passadistas. Ora a cólera dos passadistas é um dos prazeres mais sensuais que nós temos. Musset também já enfraquecia propositadamente as suas rimas só para irritar Vítor Hugo...

E a nossa fábula é muito mais interessante que a de La Fontaine. Em nosso caso é o ratinho de uma brincadeira que dá à luz uma montanha de raiva em erupção. Mas não se atemorizem. Vulcão que não faz mal a ninguém.

É preciso notar todavia que Verso Livre e Rima Livre não significam abandono total de metro e rima já existentes. Valéry, Duhamel

(12), Romains, Cocteau (C), Klemm, von Molo, van Hoddis, Blox, Bialik, Lawrence, Eliot, Millay, Unamuno, Guilherme de Almeida, Manuel Bandeira, Ribeiro Couto, empregam ora o verso medido, ora a rima, ora ambos os dois.

O admirável Palazzeschi inventou uma espécie de ritmo binário embalador para sua métrica própria. Menotti del Picchia transpô-lo algumas vezes para o português.

Baudouin tem sua rítmica pessoal.

Claudel já renovara o versículo bíblico.

O delicioso Paulo Fort (já que desci um pouco para trás dos modernizantes) criou o que também é quase uma rítmica pessoal.

A americana Amy Lowell no seu curioso ensaio *Some Musical Analogies in Modern Poetry* conta que inspirada por uma valsa foi-lhe forçoso escrever em medidas anapésticas.

Confessemos porém que qualquer métrica é prejudicial quando preestabelecida e que portanto tais poetas (com exceção daqueles cujo princípio rítmico não é propriamente métrico) erram e que melhor fora então continuar nas duas métricas já existentes... por mais agradáveis ao vulgo.

Além disso: certos gêneros poéticos implicam a métrica. Escrever um soneto em verso livre seria criar um aleijão ainda mais defeituoso que certos sonetos de metros desiguais, dum Machado de Assis por exemplo.

(É verdade também que com as nossas teorias pouca disposição temos para escrever sonetos...)

Uma canção, um rondel, quase que também obrigam a uma cadência periódica predominante e aos ecos agradáveis e sensuais da rima.

É de Vildrac dulcíssimo esta linda canção:

Si l'on gardait, depuis des temps, des temps,
Si l'on gardait, souples et odorants,
Tous les cheveux des femmes qui sont mortes,
Tous les cheveux blonds, tous les cheveux blancs,

Crinières de nuit, toisons de safran,
Et les cheveux couleur de feuilles mortes,
Si on les gardait depuis bien longtemps,
Noués bout à bout pour tisser les voiles
Qui vont sur la mer,
Il y aurait tant et tant sur la mer,
Tant de cheveux roux, tant de cheveux clairs,
Et tant de cheveux de nuit sans étoiles,
Il y aurait tant de soyeuses voiles
Luisant au soleil, bombant sous le vent,
Que les oiseaux gris qui vont sur la mer
Que les grands oiseaux sentiraient souvent
Se poser sur eux,
Les baisers partis de tous ces cheveux,
Baisers qu'on sema sur tous ces cheveux
Et puis en allés parmi le grand vent...

* * *

Si l'on gardait, depuis des temps, des temps,
Si l'on gardait, souples et odorants,
Tous les cheveux des femmes qui sont mortes,
Tous les cheveux blonds, tous les cheveux blancs
Crinières de nuit, toisons de safran,
Et les cheveux couleur de feuilles mortes,
Si on les gardait depuis bien longtemps,
Noués bout à bout, pour tordre des cordes,
Afin d'attacher
À des grands anneaux tous les prisonniers
Et qu'on *leur permit de se promener*
Au bout de leur cordes,
Les liens des cheveux seraient longs, si longs,
Qu'en les déroulant du seuil des prisons,
Tous les prisonniers, tous les prisonniers

Pourraient s'en aller
Jusqu'à leur maison...

Jorge Lothe, em França, com seus estudos de fonética experimental, provou que (cientificamente) a métrica quantitativa era errada.

O dr. Patterson, primeiramente nosso antagonista, depois dos estudos que fez e resultados que obteve, verificou a legitimidade do verso livre.

(São informações que colho: a primeira em Epstein, a segunda em Amy Lowell.)

Mas estou perdendo tempo em justificar conquistas já definitivas.

Apontei ainda a Vitória do Dicionário.

A expressão do lirismo puro levou-nos a libertar a palavra da ronda sintática.

Num período destrutivo de revolução que felizmente já passou exclamaram os poetas:

Et ces vieilles langues sont tellement près de mourir
Que c'est vraiment par habitude et manque d'audace
Qu'on les fait encore servir à la poésie. (13)

Insurgiram-se principalmente contra a gramática. Quiseram negar-lhe direitos de existência.

Não é bem isso. A gramática existe. A gramática é científica, suas conclusões são verdadeiras, psicológicas. A própria sintaxe não pode ser destruída senão em parte.

Existirão eternamente sujeito e predicado.

O que alguns abandonaram é o preconceito de uma construção fraseológica fundada na observação do passado em proveito de uma construção muito mais larga, muito mais enérgica, sugestiva, rápida e simples.

Certas licenças antigas são hoje de uso quotidiano.

A frase elíptica reina.

Pululam os verbos, adjetivos, advérbios tomados como substantivos.

Acontece que o substantivo às vezes é adjetivo...

A operação intelectual com que o poeta modernista expressa o lirismo é a seguinte:

A sensação simples ao se transformar em ideia consciente cristaliza-se num universal que a torna reconhecível.

Pois o poeta modernista escreve simplesmente esse universal.

A inteligência forma ideias sobre a sensação. E ao exteriorizá-las em palavras age como quem compara e pesa. A inteligência pesa a sensação não por quilos mas por palavras. Mesmo para o ato de pensar posso empregar metaforicamente o verbo pesar (Dermée) pois que a inteligência ligando predicado e sujeito para reconhecer a equipolência destes pesa-lhes os respectivos valores. Ora se o poeta quer exprimir a nova sensação redu-la à palavra que determinou a sensação idêntica anterior.

Exemplifico: A criada chega ao armazém e fala:

– Bom-dia, seu Manoel. Um quilo de pão, faz favor?

O vendeiro põe o peso quilo numa das conchas da balança e na outra o pão.

Se o fiel se verticaliza ao quilo peso corresponde exatamente o quilo pão.

Nossos olhos veem um cachorro.

Sensação.

A inteligência pesa a sensação e conclui que ela corresponde exatamente ao universal cachorro, pertencente a essa vultuosa coleção de pesos que é o dicionário.

O fiel que temos na razão verticalizou-se.

O peso está certo.

À sensação recebida de um semovente de 4 patas, rabo, focinho e outros almofadismos designamos com a palavra cachorro.

Eis o peso simples.

Agora:

Na operação do vendeiro acontece muitas vezes que o pão não dá bem um quilo. Faltam 50 gramas. Então o vendeiro corta um pedaço de outro pão e ajunta ao que está pesando. Ficou um peso, diremos, composto.

Além de sensações simples temos sensações compostas e complexas.

Será sensação composta quando o universal não corresponder exatamente à sensação e lhe ajuntarmos os 50 gramas dum adjetivo, dum tempo de verbo, etc. O cachorro correu.

A sensação será complexa quando um universal só não for suficiente e precisarmos de vários universais para pesá-la.

Também na vida: em vez dum seco pedaço de pão preferirei às vezes uma *coupe* em que haja sorvete, creme Chantilly e figos. Sensação complexa.

Tiro exemplo de Sérgio Milliet.

O poeta entra num salão em que se dança e bebe à barulheira muito pouco parnasiana dum Jazz-Band.

Imediatamente recebe uma sensação de conjunto, *complexa*.

(Não digo com isto que tenha escrito seu poema no momento da sensação. O moto-lírico é geralmente uma recordação – fecundo minuto em que surge na meia-noite do subconsciente o luminoso préstito dos "fantasmas" aristotélicos. E surgem embelezados ganhando em valor estético o que perderam de realidade, como legisla uma lei de memória.)

Pois Sérgio Milliet com 3 nomes sintetiza a sensação complexa:

Rires Parfums Decolletés.

É admiravelmente exato. Talvez mesmo sem querer o poeta registrou o trabalho dos 3 sentidos que fatalmente agiram no instante:

o ouvido (*rires*)
o olfato (*parfums*)
a vista (*decolletés*)

Uma observação: três universais apenas não dão para representar a sensação complexa do poeta. É evidente. Mas

1º – A poesia não é só isso. Continua ainda. A poesia toda é o resultado artístico da impressão complexa.

2º – O poeta sintetiza e escolhe (14) os universais mais impressionantes. O poeta não fotografa: cria. Ainda mais: não reproduz: exagera, deforma (D), porém sintetizando. E da escolha dos valores faz nascer euritmias, relações que estavam esparsas na vida, na natureza, e que a ele, poeta, competia descobrir e aproximar. Nisto consiste seu papel de artista. O poeta parte de um todo de que teve a sensação, dissocia-o pela análise e escolhe os elementos com que erigirá um outro todo, não direi mais homogêneo, não direi mais perfeito que o da natureza mas

DUMA OUTRA PERFEIÇÃO,

DUMA OUTRA HOMOGENEIDADE.

A natureza existe fatalmente, sem vontade própria. O poeta cria por inteligência, por vontade própria.

Querer que ele reproduza a natureza é mecanizá-lo, rebaixá-lo.

Desconhecer os direitos da inteligência é uma ignomínia.

A incompreensão com que os modernistas de todas as artes são recebidos provém em parte disso. (15)

O espectador procura na obra de arte a natureza e como não a encontra, conclui:

– Paranoia ou mistificação! O autor é idiota.

"Il y a toujours l'alternative: 'C'est idiot' et 'Je suis idiot'." (16)

A natureza é apenas o ponto de partida, o motivo para uma criação inteiramente livre dela.

Goethe, meu Goethe amado e passado embora não passadista (17) já o afirmaste:

> "O artista não deve estar conscientemente com a natureza, deve conscientemente estar com a arte. Com a mais fiel imitação da natureza não existe ainda obra de arte, mas

> pode desaparecer quase toda a natureza de uma obra de arte e esta ser ainda digna de louvor"!

Que dirão a isto os poderosos da terra?

Voltemos a Sérgio Milliet. Depois do primeiro verso o poeta já pôde pormenorizar certas sensações compostas. Daí o poema:

JAZZ-BAND

Rires Parfums Decolletés
Bigarrure multiple des couleurs
Et de ci de là tâches blanches
sur fond noir

O la verve des jambes élastiques
Lenteur savante des glissades
déhanchements nerveux
et ces pas comme des boutades

Négation des lois de l'équilibre
et des élégances admises
Sensibilité du rythme blasé
tombe
se relève
frise la parodie
Combien aimable
Le nègre se détraque

Et jusqu'aux lampes électriques
qui se départissent de leur flegme

Ora nos 10 primeiros versos não há uma só frase gramaticalmente inteira e nenhum verbo presente. O criador pouco se incomodou com gramáticas nem sintaxes. Não escreveu no estilo *nouveau-riche* de Vítor Hugo nem no estilo efebo de Régnier. Compôs uma poesia a meu ver extraordinária unicamente pesando sensações com palavras do dicionário.

De tais resultados Cocteau tirou a sua adoração ao léxico, Marinetti criou a palavra em liberdade. Marinetti aliás descobriu o que sempre existira e errou profundamente tomando por um fim o que era apenas um meio passageiro de expressão. Seus trechos de palavras em liberdade são intoleráveis de hermeticismo, de falsidade e monotonia.

É pois para realizar de maneira mais aproximada o lirismo puro que o dicionário, filho feraz da humanidade, tornou-se independente da sintaxe e da retórica – teorias militaristas nascidas no orgulho infecundo das torres de marfim (E).

Parêntese:

Um dos maiores perigos da poesia modernista é a analogia e sua irmã postiça a perífrase. A sensibilidade moderna, antes hipersensibilidade, provocada pelos sucessos fortes continuados da vida e pelo cansaço intelectual tornou-nos uns imaginativos de uma abundância fenomenal. Para evitar chavões do "como" do "tal" do "assim também"...

"Assim do coração onde abotoam..."

infalível nos sonetos de comparação o poeta substitui a coisa vista pela imagem evocada.

Sem preocupação de símbolo.

É a analogia, ou antes "o demônio da analogia" em que soçobrou Mallarmé.

Mas a irmã bastarda da analogia, a perífrase, parece-se muito com ela.

A diferença está em que a analogia é subconsciente e a perífrase uma intelectualização exagerada, forçada, pretensiosa.

É preciso não voltar a Rambouillet!

É preciso não repetir Gôngora!

É PRECISO EVITAR MALLARMÉ!

A imagem exagerada, truculenta mesmo, é natural, é expressiva. A perífrase, luxo inútil, paroquiano, pedante. Já Antífanes indicava-lhe a inutilidade.

Sérgio Milliet claudica no poema que citei atrás ao substituir a música executada pelo jazz, por "Sensibilité du rythme blasé".

É defeito que devia ser extirpado em poesia tão perfeita.

Cito agora um delicioso poema de Guilherme de Almeida, do grupo "Sugerir", em que o poeta substitui a causa da sensação pelo efeito subconsciente. Analogias finíssimas (F).

BAILADO RUSSO

A mão firme e ligeira
puxou com força a fieira,
e o pião
fez uma elipse tonta
no ar, e fincou a ponta
no chão.

É um pião com sete listas
de cores imprevistas.
Porém,
nas suas voltas doudas,
não mostra as cores todas
que tem.

Fica todo cinzento
no ardente movimento.
E até
parece estar parado,
teso, paralisado,
de pé.

Mas gira. Até que aos poucos,
em torvelins tão loucos
assim,
já tonto bamboleia,
e bambo, cambaleia...
Enfim

tomba. E, como uma cobra,
corre mole e desdobra
então
em hipérboles lentas
sete cores violentas
no chão.

Isto chama-se Bailado russo...

Substituição da ordem intelectual pela ordem subconsciente.

Esse um dos pontos mais incompreendidos pelos passadistas.

Entre os próprios poetas que poderiam ser qualificados de modernizantes reina contradição. Nem todos seguem o processo.

Na Itália por exemplo, a não ser o grande Folgore, o Soffici dos Quimismos líricos e mais algum raro exemplo, a lógica intelectual é romanticamente respeitada.

Entre nós muitos não a abandonaram.

Na verdade: tal substituição duma ordem por outra tem perigos formidáveis. O mais importante é o hermeticismo absolutamente cego em que caíram certos franceses na maioria de seus versos.

Erro gravíssimo.

E falta de lógica.

O poeta não fotografa o subconsciente.

A inspiração é que é subconsciente, não a criação. Em toda criação dá-se um esforço de vontade.

Não pode haver esforço de vontade sem atenção. Embora a atenção para o poeta modernista se sujeite curiosa ao borboletear do subconsciente – asa trépida que se deixa levar pelas brisas das associações – a atenção continua a existir e mais ou menos uniformiza as impulsões líricas para que a obra de arte se realize. Surbled diz admiravelmente: "Força é reconhecer, no entanto, que, se o subconsciente deixa-se levar por mil afastamentos, nem por isso o fio que o liga à inteligência se rompeu. Foi apenas encompridado. O mínimo esforço de atenção é o suficiente para que o espírito colha as rédeas e obrigue o sub-eu a obedecer ao eu."

(E é por isso que nossa poesia poderá chamar-se de psicológica e subconsciente sem que deixe de ter um tema principal, um assunto que originado do moto-lírico inicial volta sempre a ele ou continua integral *pelo esforço da atenção.*)

A reprodução exata do subconsciente quando muito daria, abstração feita de todas as imperfeições do maquinismo intelectual, uma totalidade de lirismo. Mas *lirismo* não é *poesia*.

O poeta *traduz* em línguas conhecidas o eu profundo. Essa tradução se efetua na inteligência por um juízo, pelo que é na realidade em psicologia "associação de ideias".

O poeta modernista usa mesmo o máximo de trabalho intelectual pois que atinge a abstração para notar os universais. (Muito mais por esse lado é que Epstein poderia afirmar que abandonáramos a inteligência em proveito dessa mesma inteligência.)

É preciso pois combater sem quartel o hermeticismo.

Não quero porém significar com isso que os poemas devam ser tão chãos que o caipira de Xiririca possa compreendê-los tanto como o civilizado que conheça psicologia, estética e a evolução histórica da poesia.

Voltemos à ordem do subconsciente.

Uma pessoa desinstruída nas teorias modernistas horroriza-se ante a formidável *desordem* das nossas poesias.

– Não há ordem! Não há concatenação de ideias! Estão loucos!

(Houve já quem tomasse a sério essa acusação de loucura e provasse inutilmente, meu Deus! As diferenças fundamentais entre a literatura dos modernistas e a dos alienados. Foi caso único. Em geral nós nos rimos dessa acusação. Deu-nos apenas motivos para mais lirismo.

Sur une pierre
où nage un acacia pâle et mignon
un cubiste m'a dit
que j'étais fou

saltita Picabia. E Palazzeschi em Chi sono?

Chi sono?
Son forse un poeta?
No, certo.
Non scrive che una parola ben strana
la perna dell'anima mia:
FOLLIA...

Max Jacob esse então construiu numa das páginas mais belas de toda a sua obra o Asyle des Dégénerés Supérieurs de *Flammanville*...)

Mas, oh bem-pensantes! é coisa evidente: NÃO SOMOS LOUCOS... Essa falta de ordem é apenas aparente. Substituiu-se uma ordem por outra. E isso apenas nos trabalhos de ficção a que melhormente cabe o nome de poesia, quer sejam em verso, quer em prosa.

E não é consequência justa?

Seria possível dar uma ordem, uma lógica intelectual, uma concatenação de ideias, uma retórica às impulsões do eu profundo, a que não rege

NENHUMA DETERMINAÇÃO INTELECTUAL
QUE INDEPENDE DE NÓS MESMOS
É IMPESSOAL E ESTRANHO? (18)

Nisso estaria o contrassenso,
ESTARIA O ERRO.

Não houve destruição de Ordem, com cabídula. Houve substituição de uma ordem por outra.

Assim, na poesia modernista, não se dá, na maioria das vezes, concatenação de ideias mas associação de imagens e principalmente:

SUPERPOSIÇÃO DE IDEIAS E DE IMAGENS.

Sem perspectiva nem lógica intelectual.

Mas o éforo parnasiano nos lê e zanga-se por não encontrar em nossos poemas a lógica intelectual, o desenvolvimento, a seriação dos planos e mais outros Idola Theatri.

Mas se procura no poema o que neste não existe!

Não somos vates palacianos!

Não somos poetas condutícios!

Nossos versos não são feitos de encomenda! (G)

Vivem a dizer que tudo queremos destruir... É mentira. Esse período revolucionário já passou.

A cada destruição do fim do século passado opomos um novo princípio:

À destruição do verso pelo poema em prosa, preferimos, escolhemos o já existente Verso Livre.

À destruição da sintaxe, a Vitória do Dicionário.

À destruição da ordem intelectual, a Ordem do Subconsciente.

Não fixamos, não colorimos, não matamos as células constitutivas da sensibilidade para observá-las.

A ultramicroscopia da liberdade aparentemente desordenada do subconsciente permitiu-nos apresentar ao universo espaventado o plasma vivo das nossas sensações e das nossas imagens.

Mas pedem-nos em grita farisaica uma estética total de 400 páginas in quarto...

Isso é que é asnidade.

Onde nunca jamais se viu uma estética preceder as obras de arte que ela justificará?

As leis tiram-se da observação.

Apriorismo absoluto não existe.

E o que nos orgulha a nós é justamente este senso da realidade que jamais foi tão íntimo e tão universal como entre os modernistas.

A tragédia grega evolveu do ditirambo – uma cantoria – não nasceu do esteticismo peripatético.

E mesmo quando leis estéticas são impostas, um estilo é predeterminado, que acontece?

A Camerata Florentina propôs-se a copiar a tragédia lírica de Ésquilo... No entanto produziu a ópera...

Derivada desse princípio da Ordem Subconsciente avulta na poesia modernista a associação de imagens. Para alguns mesmo parece ela tomar-se uma norma fundamental.

Outro erro perigosíssimo.

É a mesma confusão de Marinetti: o meio pelo fim.

Inegável: a associação de imagens é de efeito esfuziante, magnífico e principalmente natural, psicológica mas... olhai a cobra entre as flores:

O poeta torna-se tão hábil no manejo dela que substitui a sensibilidade, o lirismo produzido pelas sensações por um simples, divertidíssimo jogo de imagens nascido duma inspiração única inicial. É a lei do menor esforço, é cismar constante que podem conduzir à ruína.

Além disso: pode tornar-se consciente, provocada, procurada, e nesse caso uma virtuosidade.

Aqueles dentre nós que estão mais perto desse abismo são: Sérgio Milliet, Luís Aranha.

Deixo-lhes aqui este aviso para que não caiam na virtuosidade – indumentária brilhante com que os sentidos traidores escondem o ogre odiado do sentimentalismo.

Campoamor e Banville são igualmente sentimentais.

Mostro um passo impagável da obra de Luís Aranha, extraído do Poema Giratório – que aliás não é construído unicamente assim:

Eu morria de dieta no hospital
Emprestavam-me livros franceses e ingleses
Um dia uma revista
Conheci então Cendrars
Apollinaire
Spire
Vildrac

Duhamel
Todos os literatos modernos
Mas ainda não compreendia o modernismo
Fazia versos parnasianos
Aos livros que me davam preferia viajar com a imaginação
Paris
Bailarinas de café-concerto rodopiando na ponta dos pés
Ou então a casa de um chinês esquecimento da vida
Antro de vícios elegantes
Morfina e cocaína em champanha
Ópio
Haschich
Maxixe
Todas as danças modernas
Doente perdi um baile numa sociedade americana de
S. Paulo
Minha cabeça girava como depois de muito dançar
E o mundo é uma bailarina de vermelho rodopiando
na ponta dos pés no café-concerto universal
Gosto de bailes de matinées
E os jornais trazem anúncios de chás-dançantes
La Prensa diz
"A Argentina proibiu a exportação de trigo"
Nova lente no observatório de Buenos Aires
Estudo astronomia numa lente polida por Spinosa
Judeu
Uma sinagoga nos Andes
Não sei se a Cordilheira cai a pique sobre o mar
Santiago
E os barcos de minha imaginação nos mares de todo o mundo...

Delirante de graça.
Direi mais: é admirável.

É perigosíssimo.

Devemos nos precatar contra o verme do mau romantismo (H) que todo homem infelizmente carrega no corpo – esse túmulo, como lhe chamou Platão (I).

Rapidez e Síntese.

Congregam-se intimamente.

Querem alguns filiar a rapidez do poeta modernista à própria velocidade da vida hodierna...

Está certo. Este viver de ventania é exemplo e mais do que isso circunstância envolvente que o poeta não pode desprezar.

Creio porém que essa não foi a única influência.

A divulgação de certos gêneros poéticos orientais, benefício que nos veio do passado romantismo, os tankas, os hai-kais japoneses, o gazel, o rubai persas por exemplo creio piamente que influíram com as suas dimensões minúsculas na concepção poética dos modernistas.

(Aliás muito em segredo, acredito que a tradução em prosa desses admiráveis poemas das línguas pouco manejadas contribuiu para que percebêssemos que poesia era o conteúdo interior do poema e não a sua forma. É muito provável que a aceitação do verso livre e da rima livre provenha ao menos em parte dessas traduções em prosa).

Geralmente os poetas modernistas (19) escrevem poemas curtos. Falta de inspiração? de força para Colombos imanes? Não. O que existe é uma necessidade de rapidez sintética que abandona pormenores inúteis.

Nossa poesia é resumo, essência, substrato.

Vários poetas voltam às vezes aos minúsculos cantarcilhos do século 15. Porém amétricos. Picabia tem várias poesias dísticas. Mas creio que Apollinaire levou para o túmulo a cintura de ouro com o elmonístico de Alcools. Luís Aranha passeia acaso pelo Japão, na Drogaria de éter e de sombra...

Daí ter escrito hai-kais libérrimos:

Jogaste tua ventarola para o céu
Ela ficou presa no azul
convertida em lua.

Ainda a mesma dama das mansões celestes, inspira-lhe este Epigrama à Lua – imagem graciosa de noite estrelada:

Odalisca,
nos coxins de paina do céu,
olá
tu deixaste romper o teu colar de pérolas!... (20)

Admirável poesia de Ribeiro Couto tem 5 versos:

E chove... Uma goteira, fora,
como alguém que canta de mágoa
canta, monótona e sonora,
a balada do pingo d'água.
Chovia quando foste embora...

Ronald de Carvalho tem poemas minúsculos de grande beleza.

Mas essa rapidez material não nos interessa tanto. Sob o ponto de vista ocidental, moderno é uma das consequências apenas da rapidez espiritual que se caracteriza em nós muito mais pela síntese e pela abstração.

O homem instruído moderno, e afirmo que o poeta de hoje é instruído, lida com letras e raciocínio desde um país da infância em que antigamente a criança ainda não ficara pasmada sequer ante a glória da natureza. Um menino de 15 anos neste maio de 1922 já é um cansado intelectual.

"Ela (a atenção) é uma das condições indispensáveis
para que se dê fadiga intelectual." (21)

O raciocínio, agora que desde a meninice nos empanturram de veracidades catalogadas, cansa-nos e CANSA-NOS. Em questão de meia hora de jornal passa-nos pelo espírito quantidade enorme de notícias científicas, filosóficas, esportivas, políticas, artísticas, mancheias de verdades, errores, hipóteses.

"Le monde est trouble comme si c'était la fin de la bouteille." (22)

Comoções e mais comoções, geralmente de ordem intelectual.

Defeito?

Nem defeito nem benefício.

RESULTADO INEVITÁVEL DA ÉPOCA.

Consequência da eletricidade, telégrafo, cabo submarino, TSF, caminho de ferro, transatlântico, automóvel, aeroplano.

Estamos em toda parte pela inteligência e pela sensação.

Dá-se em nós um movimento psicológico diário, exatamente inverso ao inventado por William James. Diz o fantasista *yankee*:

Vemos um lião.
Nosso corpo treme
Resultado *consciente* do tremor:
Temos medo.

É o contrário conosco:

Lemos "Paris".
Nossa memória evoca:
Paris!
Resultado *sensitivo* da evocação;
Andamos no boulevard des Capucines,
Mas deixemo-nos de sorrir!
O que não é sorriso.

O homem moderno, em parte pelo treino quotidiano, em parte pelo cansaço parcial intelectual (J), tem uma rapidez de raciocínio muito maior que a do homem de 1830.

Dois resultados disso:

1º – Uma como que faculdade devinatória que nos leva a afirmações *aparentemente apriorísticas* mas que são a soma de associações de ideias com velocidade de luz.

(A conhecida metáfora do raio de luz no cérebro não é mais do que isso. E o homem moderno sente mais frequentemente essas "Illuminations", porque raciocina mais rápido) (K).

2º – Usamos constantemente a síntese suprema (23), ultraegipcíaca e consequentemente a utilização cotidiana, na poesia modernista, da abstração, do universal (L), (M).

O catedrático, enchinesado no seu ostracismo ensimesmal, olha por acaso de uma das janelas de sua prisão voluntária e vê no asfalto o novo menestrel que passa a cantar palavras soltas e verbos no infinito... E, como professor que ensina e está costumado a imaginar tudo bem ensinadinho – o motivo lírico e a limpeza das unhas – escachoa:

– É louco! burro! ignorante! cabotino!

Em última análise o catedrático tem razão, coitado! Para ele somos cabotinos, ignorantes, burros, loucos – embora estas... qualidades não possam andar juntas.

O mal do professor foi não seguir o conselho de Duhamel:

Laissez en paix cet homme là
Puisqu'il n'est pas de votre race!
Ne riez pas de son langage
Que vous ne savez point aimer!

E não vos lembrais de Jerônimo Coignard?

Mon fils, j'ai connu trop de sortes de personnes et traversé des fortunes trop diverses pour m'étonner de rien. Ce gentilhomme paraît fou, moins parce qu'il l'est réellement que parce que ses pensées diffèrent à l'excès de celles du vulgaire.

Lembro agora apenas uma outra feição da poesia modernista – feição derivante do emprego direto do subconsciente.

Consiste ela em pretender realizar estados cinestésicos. (24)

O poeta, habituado a deixar-se levar pelo eu profundo tão dependente do estado físico, consegue à medida do possível, já se vê, grafar certos instantes de vacuidade em que há como que um eclipse quase total da reação intelectual.

Resulta disso uma espécie de poesia muito mais pampsíquica que propriamente cinestésica.

Excelentes no gênero: os dadaístas, os ex-dadaístas e os que se aproximam dos dadaístas. Tzara, Helène Bongard, Eluard, Soupault, Aragon, Lasso de la Vega, etc.

De Picabia:

Tic-Tac aux bains de vapeur
il fait toujours un temps admirable aux bains de vapeur
en attendant l'heure le front sérieux
l'intelligence se perd comme un porte-monnaie

De Tzara:

vent pour l'escargot il vend des plumes d'autruche
vend des sensations d'avalanche
l'auto flagellation travaille sous mer
et des deserts évanouis en plein air à décoration vases
la roue de transmission apporte une femme trop grasse
champs de parchemin troués par les pastilles
qui a compris l'utilité des éventails pour intestins
légère circulation d'argent dans les veines de l'horloge
présente la présion du désir de partir.

Outra morte por onde o hermeticismo nos surpreende e desgraça? Não creio. Tais "lirismos" podem ser excelentes mas a eles se confinarão apenas os que vivem em perpétua revolta.

SIMULTANEIDADE

Obrigado por insistência de amigos e dum inimigo a escrever um prefácio para Pauliceia desvairada nele despargi algumas considerações sobre o *Harmonismo* ao qual melhormente denominei mais tarde *Polifonismo*.

Desconhecia nesse tempo a *Simultaneidade* de Epstein, o *Simultaneismo* de Divoire. Até hoje não consegui obter legítimos esclarecimentos sobre o *Sincronismo* de Marcelo Fabri. Creio porém ser mais um nome de batismo da mesma criança.

Sabia de Soffici que não me contenta no que chama de *Simultaneidade*. Conhecia as teorias cubistas e futuristas da pintura bem como as experiências de Macdonald Right.

Quero dizer apenas que não tenho a pretensão de criar coisa nenhuma. *Polifonismo* é a teorização de certos processos empregados quotidianamente por alguns poetas modernistas.

Polifonismo e simultaneidade são a mesma coisa. O nome de *Polifonismo* caracteristicamente artificial deriva de meus conhecimentos musicais que não qualifico de parcos, por humildade.

Sempre me insurgi contra essa afirmativa muito diária de que a música é a mais atrasada das artes.

Inegavelmente no princípio, escravizada à palavra, tivera uma evolução mais lenta. Mas isso era natural. Sendo *a mais vaga* e a *menos intelectual* de todas as artes fatalmente teria uma evolução mais lenta. Os homens pouco livres ainda em relação à natureza tinham compreendido as artes praticamente como IMITAÇÃO. A música não imitava de modo facilmente compreensível a natureza. Daí apesar do prazer todo sensual que destilava, da preferência em que era tida, de seu lugar preponderante e indispensável nas funções de magia e religião, o estar sempre *esclarecida*, tornada *inteligível* pela palavra.

Apenas a técnica se desenvolvia. E esta mesmo, sem princípios espirituais de que fosse consequência, via-se embaraçada em crescer sozinha.

Chegara a música no entanto desde Palestrina e Lassus a uma perfeição técnica extraordinária.

Libertada da palavra, em parte pelo aparecimento da notação medida, em parte pelo desenvolvimento dos instrumentos solistas, conseguiu enfim tornar-se MÚSICA PURA, ARTE, nada mais.

Foi então que apareceram os dois mais formidáveis artistas, *unicamente artistas*, que a terra produziu: João Sebastião Bach e Mozart.

Mas decai em seguida procurando de novo a imitação.

Beethoven é o mais formidável grito dessa decadência funestíssima. A segunda fase do gênio-herói é o mais pernicioso golpe que nunca recebeu a *arte do som*. Beethoven abandonou a música arquitetura sonora para criar a música mimésica, anedótica.

Mas com João Sebastião e Mozart ela já alcançara a suprema perfeição artística.

São estes homens os 2 tipos mais perfeitos de criação subconsciente e da vontade de análise que cria euritmias artísticas de que a natureza é incapaz. Essa criação subconsciente e a preocupação única da beleza artística Mozart as confessou deslumbradoramente nas suas cartas. Bach não deixou confissões. Mas a menos importante das suas fugas demonstra a estesia de que ele se serviu. No século 18 a música já realizara a obra de arte, como só seria definida duzentos anos depois:

A OBRA DE ARTE É UMA MÁQUINA DE PRODUZIR COMOÇÕES. (25)

E só conseguimos descobrir essa verdade porque Malherbe chegou.

O Malherbe da história moderna das artes é a *cinematografia*.

Realizando as feições imediatas da vida e da natureza com mais perfeição do que as artes plásticas e as da palavra (e note-se que a cinematografia é ainda uma arte infante, não sabemos a que apuro atingirá), realizando a vida como *nenhuma* arte ainda o conseguira, foi ela o *Eureka!* das artes puras.

Só então é que se percebeu que a pintura podia e devia ser unicamente pintura, equilíbrio de cores, linhas, volumes numa superfície; deformação sintética, interpretativa, estilizadora e não comentário imperfeito e quase sempre unicamente epidérmico da vida.

Só então é que se pôde compreender a escultura como dinamismo da luz no volume; o caráter arquitetural e monumental da sua interpretação.

Só então é que se percebeu que a descrição literária não descreve coisa nenhuma e que cada leitor cria pela imaginativa uma paisagem sua, apenas servindo-se dos dados capitais que o escritor não esqueceu.

Só então é que no teatro se pôde imaginar o abandono de todos os enfeites com que o conduzira ao mais alto romantismo da decoração a influência perniciosa do bailado russo. É verdade que a decoração teatral, principalmente na Alemanha e na Rússia e algumas vezes em França e Itália, caiu sob a influência cubista – a mais torta tolice a que poderia atingir uma orientação direita. E estou falando de decoração. Deveria falar do drama. Mas um Copeau na França, um Schumacher na Alemanha corroboram com as suas decorações e encenações para que o drama volte de novo ao que foi na antiguidade, ao que poderíamos tomisticamente chamar o abandono do princípio de individuação acidental pelo princípio imaterial. Descobriu-se de novo o teatro metafísico.

E finalmente só então é que se observou que a música já realizara, 2 séculos atrás, esse ideal de arte pura – máquina de comover por meio da beleza artística.

Aliás, antes mesmo desta verificação, no fim do século passado, já certas artes se sujeitaram repentinamente à música por tal forma que caíram na terminologia musical e numa preocupação exagerada de musicalidade que ainda por muitas partes perdura.

Erro grave. Mais grave (por mais fácil de se popularizar), embora menos estéril, que o das vogais coloridas de Rimbaud.

Aliás Taine com segurança profética exclamara: “Em 50 anos a poesia se dissolverá em música.”

A musicalidade dissolveu grande parte da poesia simbolista. Epígonos dessa erronia: Maeterlinck, René Ghil.

A musicalidade encanta e sensualiza grande parte da poesia modernista (26, 27).

Escutai este solo de frauta por Palazzeschi:

LA FONTANA MALATA

Clof, clop, cloch,
cloffete,
cloppete,
clocchete,
chchch...
È giù nel
cortile
la povera
fontana
malata,
che spasimo
sentirla
tossire!
Tossisce,
tossisce,
un poco
si tace
di nuovo
tossisce.
Mia povera
fontana,
il male
che ai
il core
mi preme.
Si tace,

non getta
più nulla,
si tace,
non s'ode
romore
di sorta,
che forse...
che forse
sia morta?
Che orrore!
Ah, no!
Rieccola,
ancora
tossisce.
Clof, clop, cloch,
cloffete,
cloppete,
clocchete,
chchch...
La tisi
l'uccide.
Dio santo,
quel suo
eterno
tossire
mi fa
morire,
un poco
va bene,
ma tanto!
Che lagno!
Ma Habel
Vittoria!

Correte,
chiudete
la fonte,
mi uccide
quel suo
eterno
tossire!
Andate,
mettete
qualcosa
per farla
finire,
magari...
magari
morire!
Madonna!
Gesù!
Non più
non più!
Mia povera
fontana
col male
che ai
finisci
vedrai
che uccidi
me pure.
Clof, clop, cloch,
cloffete,
cloppete,
clocchete,
chchch...

Escutai a viola de Cocteau:

BERCEUSE

Il est une heure du matin. Dors ma petite innocente.
La terre est un vieux soleil et la lune une terre morte.
Dors ma petite innocente.
Je ne te parlerai jamais des Éloïm, ni de la Kaballe, ni de
Moïse, ni de Memphis, ni du secret des hyérophantes.
Dors, ce n'est pas la peine, un bourru sommeil enfantin.
L'homme, il est né lorsque déjà bien mal allait la
terre. Il est né parce que la terre allait bien mal.
Il est né d'un refroidissement planetaire.
Dors.
Tout ce printemps qui te prépare un reveil où les oiseaux se
frisent la langue, qu'as-tu besoin de savoir qu'il
est une vermine de la décrepitude florissante?
Dors ma petite innocente.
Le soleil se prodigue (et ses traits ne sont pas formés) avec
l'enthousiasme de l'adolescence.
Et pour, un jour, prendre sa place, des nébuleuses se condensent.
Dors. La lune inerte et son Alpe inerte et ses golfes inertes
promènent sous les projecteurs, un cadavre définitif.
Dors. Le peuple des planètes sensibles s'entrecroise, entraîné
dans le noir mélodieux cyclone du néant.
Voir mourir un monde est pour un monde une vaste blessure
impuissante.
Dors ma petite innocente.
Le feu se rétrécit, se pelotonne, et la dernière flamme, par
l'orifice d'un volcan, s'echappe et c'est fini.
La terre, elle a flamboyé de toutes ses forces, mais peu à
peu, elle a senti diminuer, diminuer son feu.
Une croûte épaisse et froide enferme le feu.

Il tente de la vaincre et il la créve où il peut.
Et il y eut la nature à sa surface vieillissante.
Dors contre ton coude, ô ma petite innocente.
Et il y eut la nature, et il y eut l'homme et l'animal, comme sur un visage déclinant, le halo se résorbe et les traits s'affirment et la résignation placide apparaît.
Dors, je ferai vibrer pour toi les planétes qui te dirigent.
Et Jupiter par le B et par l'OU
Et Saturne par l'S et par l'AI
Et j'embrasserai tes pieds et tes genoux.
O Pentagramme! o Serpentine! Étain de Jupiter sacral!
Orchestre éolien des anneaux de Saturne! Géometrie incandescente!
Jupiter: loi. Saturne: mort.
Je regarde ton cher naïf profil qui dort.
Dors, ô ma petite innocente.

Entre americanos então, de posse de uma língua admiravelmente musical e onomatopaica, já se procurou até realizar por meio da palavra a sensação sonora e rítmica dos trechos musicais.

Quando a pretensão não é assim estéril, atingem maravilhas. Procurei traduzir um admirável poema da poetisa Amy Lowell. Chamo a atenção para a mudança rítmica operada no momento em que o peixe cansado de saltar e brincar toma rumo e parte em linha longa. Força é confessar que para não desrespeitar as intenções da artista fugi um pouco do que me ensinaram os dicionários bilíngues.

DELFIM NA ÁGUA AZUL

Vá! Murmulhando salta!
Água azul
Água rósea
Turbilhona, pincha, flutua,
focinha no vácuo da vaga,

mergulha, volteia,
encurva por baixo
          por cima...
Corte de navalha e se afunda...
Rola, revira,
enrecta-se e espirra no céu,
todo rosadas, flamantes gotinhas...
Anela-se no fundo
Pingo
Focinho para baixo
Curva
Cauda
Mergulha
e se vai...
Como bolhas leves de água azulada,
leve, oleoso cobalto,
coleante, líquido lápis-lazúli,
cambiantes esmeraldinas,
pinceladas de róseo e amarelo,
escorregões prismáticos
sob o céu de ventania...

Mas o preconceito que leva a mesma poetisa a traduzir valsas de Bartok ou Lindsays a transcrever em palavras um rag-time é tomar o galo pela aurora.

Cada arte no seu galho.

Os galhos é verdade entrelaçam-se às vezes. A árvore das artes como a das ciências não é fulcrada mas tem rama implexa. O tronco de que partem os galhos que depois se desenvolverão livremente é um só: a vida.

Vários galhos se entrelaçam no que geralmente se chama SIMULTANEIDADE.

A simultaneidade originar-se-ia tanto da vida atual como da observação do nosso ser interior. (Falo de simultaneidade como processo artístico). Por esses dois lados foi descoberta.

A vida de hoje torna-nos vivedores simultâneos de todas as terras do universo.

A facilidade de locomoção faz com que possamos palmilhar asfaltos de Tóquio, Nova York, Paris e Roma no mesmo abril.

Pelo jornal somos onipresentes.
As línguas baralham-se.
Confundem-se os povos.
As sub-raças pululam.
As sub-raças vencem as raças.
Reinarão talvez muito breve?
O homem contemporâneo é um ser multiplicado.
...três raças se caldeiam na minha carne...

Três?

Fui educado num colégio francês. Palpito de entusiasmo, de amor ante a renovação da arte musical italiana. Admiro e estudo Uidobro e Unamuno. Os Estados Unidos me entusiasmam como se fossem pátria minha. Com a aventura de Gago Coutinho fui português. Fui russo durante o Congresso de Gênova. Alemão no Congresso de Versalhes. Mas não votei em ninguém nas últimas eleições brasileiras.

– Traidor da pátria!

– Calabar!

– Antibrasileiro!

– Nada disso. Sou brasileiro. Mas *além de ser brasileiro* sou um ser vivo comovido a que o telégrafo comunica a nênia dos povos ensanguentados, a canalhice lancinante de todos os homens e o pean dos que avançam na glória das ciências, das artes e das guerras. Sou brasileiro. Prova? Poderia viver na Alemanha ou na

Áustria. Mas vivo remendadamente no Brasil, coroado com os espinhos do ridículo, do cabotinismo, da ignorância, da loucura, da burrice para que esta Piquiri venha a compreender um dia que o telégrafo, o vapor, o telefônio, o Fox-Jornal existem e que A

SIMULTANEIDADE EXISTE (N).

E lembrar que Whitman, há um século atrás, profetizara a simultaneidade nas estâncias do Song of Myself!...

E lembrar que muito antes de Walt Whitman, mas muitíssimo antes, a multiplicidade dos pensamentos de Job preocupara um dos seus amigos! E no entanto é bem de supor que a Baldad não atraísse a resolução de problemas estéticos nem realizações artísticas. Mas não está lá, no Livro, esta sua pergunta admirada: "Até quando falarás semelhantes coisas e *as palavras de tua boca serão um espírito multiplicado*?"

Humanidade difícil de entender!

Por seu lado a psicologia verifica a simultaneidade.

Lembrai-vos do que chamei "sensações complexas".

A sensação complexa que nos dá por exemplo uma sala de baile nada mais é que uma simultaneidade de sensações (O).

Olhar aberto de repente ante uma paisagem, não percebe
primeiro uma árvore,
depois outra árvore,
depois outra árvore,
depois um cavalo
depois um homem,
depois uma nuvem,
depois um regato, etc.,
mas percebe simultaneamente tudo isso.

Ora o poeta modernista observando esse fenômeno das sensações simultâneas interiores (sensação complexa) pretende às vezes realizá-las transportando-as naturalmente para a ordem artística.

Denominei esse aspecto da literatura modernista: POLIFONIA POÉTICA.

Razões:

Simultaneidade é a coexistência de coisas e fatos num momento dado.

Polifonia é a união artística simultânea de duas ou mais melodias cujos efeitos passageiros de embates de sons concorrem para um *efeito total final*.

Foi esta circunstância do EFEITO TOTAL FINAL que me levou a escolher o termo polifonia. Se cantarem a Canção do Aventureiro e Vem-cá-Bitu, dois cantores ao mesmo tempo, não temos artisticamente polifonia mas cacofonia.

Há simultaneidade mas realística, sem crítica, sem vontade de análise e consequentemente sem euritmia – qualidade imprescindível do fato arte.

Dois dançarinos, num *pas de deux*, ela em ritmo de valsa, ele em ritmo de polca, ela classicamente vestida, ele de calça, colete e paletó...

Existe simultaneidade. Não existe polifonia (num sentido já translato) porque não houve intenção de efeito total final, nem euritmia.

Ora a não ser música e mímica, nenhuma outra arte realiza *realmente* a simultaneidade.

Esta palavra (como polifonia) está empregada em sentido translato.

Foi levado por essa observação talvez que Epstein, embora reconhecendo nos poetas modernistas a pretensão de realizar a coisa, desconheceu o valor da simultaneidade e proclamou-a irrealizável.

Não há tal.

O que há é um transporte de efeito.

À audição ou à leitura de um poema simultâneo o efeito de simultaneidade não se realiza em cada sensação insulada mas na SENSAÇÃO COMPLEXA TOTAL FINAL.

E isso nem é novidade.

Já existia.

Em todas as artes do tempo sem a soma total de atos sucessivos de memória (relativo cada um a cada sensação insulada) não poderia haver compreensão.

Mesmo num soneto passadista é a sensação complexa total final provinda dessa soma, que determina o valor emotivo da obra.

Uma diferença:

Num soneto passadista dá-se concatenação de ideias: melodia.

Num poema modernista dá-se superposição de ideias: polifonia.

Eis um exemplo característico desta superposição dado por Ronald de Carvalho:

> Um pingo d'água escorre na vidraça.
> Rápida, uma andorinha cruza no ar.
> Uma folha perdida esvoaça,
> esvoaça...
> A chuva cai devagar.

É típico, como exemplo de simultaneidade psicológica. Todos esses valores são conhecidos, mais que sabidos. Não despertam mais que uma sensação já gasta quase que apagada. Mas donde vem esse estado de alma em que ficamos ao terminar o poema? estado de alma que é paz, que é sossego e solaçosa felicidade?

É que o poeta, escolhendo discricionariamente (crítica, vontade de análise para conseguir euritmia e Arte) discricionariamente alguns valores pobres não se preocupou com a relativa pobreza deles mas sim com a riqueza da sensação complexa total final. E é na verdade um Poeta, isto é, conseguiu o que pretendia.

Mais exemplos?

Nicolau Beauduin criou para realizar a simultaneidade os poemas de três planos. Tentativa curiosa.

Cito um dos trechos que me pareceram mais burguesmente compreensíveis. Na realidade aqui o poema está no plano central. Os outros dois planos são associações nascidas, se assim poderei dizer, simultaneamente ou por outra, ideias relativas surgidas em corimbo – cachos de ideias. O defeito de Beauduin foi fixar três planos. Não há uma base psicológica que determine esse número 3. Os planos podem ser em maior número. Por que não?

Au lieu des Parthenons sous les oliviers

<table>
<tr><td></td><td></td><td>élégies</td></tr>
<tr><td></td><td>nous t'exalterons labeur des fabriques</td><td>mythes antiques</td></tr>
<tr><td></td><td>Villes-Tours, sky-scrapers</td><td></td></tr>
<tr><td></td><td>vie quotidienne et tragique,</td><td>nouvelle optique</td></tr>
<tr><td></td><td>bassins de radoub, docks, chantiers</td><td></td></tr>
<tr><td></td><td>avions monstres tri-moteurs</td><td></td></tr>
<tr><td></td><td>paquebots géants à turbines</td><td>White Star</td></tr>
<tr><td></td><td>cinglant vers les Ameriques,</td><td>Cie. Transatlantique</td></tr>
<tr><td>le Cap</td><td>l'Australie et les Antipodes</td><td>Nord-Deutsche Lloyd</td></tr>
<tr><td>la Havane</td><td>et les plus lointaines escales</td><td></td></tr>
<tr><td></td><td>parmi les peuples de conteurs,</td><td>Cunard Line</td></tr>
<tr><td></td><td>tout autour de la mappemonde</td><td></td></tr>
<tr><td></td><td>cerclée des traits des méridiens.</td><td>Canadian Pacific</td></tr>
<tr><td></td><td>Au lieu de la momie hellène</td><td>Orphée</td></tr>
<tr><td>Allô</td><td>nous te chanterons</td><td>Platon</td></tr>
<tr><td>All</td><td>VIE ET TRAVAIL</td><td>Sapho</td></tr>
<tr><td></td><td>O monde organisé selon l'Esprit Nouveau</td><td></td></tr>
<tr><td></td><td>des ingenieurs anonymes,</td><td></td></tr>
<tr><td></td><td>constructeurs de ces cathedrales</td><td></td></tr>
<tr><td></td><td>sublimes: les Paquebots.</td><td></td></tr>
</table>

Eis uma impressão simultânea de Felipe Soupault:

DIMANCHE

L'avion tisse les fils télégraphiques
et la source chante la même chanson
Au rendez-vous des cochers l'apéritif est orangé
mais les mécaniciens des locomotives ont les yeux blancs
la dame a perdu son sourire dans les bois

E, para terminar estes exemplos, lembro-me de Luís Aranha. É entre nós, o que melhor percebeu a simultaneidade exterior da vida moderna. Não procura realizá-la propriamente nos seus versos, mas a vive e sente com uma intensidade singular entre nós. Ególatra, egocêntrico e contraditoriamente panteísta. Sinais dos tempos. Radiosamente orgulhoso do seu eu mas esse eu reflete os aspectos simultâneos universais. "Sou o centro!" exclama no Poema Pitágoras, mas já no Crepúsculo, fazendo lembrar Cendrars (28), lembrar Cocteau (29) e o próprio Francis Jammes que já se dissera burro (animal) canta:

> Sou um trem
> Um navio
> Um aeroplano... etc.

para no mesmo Poema Pitágoras, sintetizar num dos seus mais lindos versos, a estranha caridade moderna de reviver um homem na sua sensação as sensações universais:

> A Terra é uma grande esponja que se embebe das tristezas do Universo
> Meu coração é uma esponja que absorve toda a tristeza da Terra

Luís Aranha é já um filho da simultaneidade contemporânea.

Estou convencido que a simultaneidade será uma das maiores senão a maior conquista da poesia modernizante. No seu largo sentido poder-se-á dizer que é empregada por todos os poetas modernistas que seguem a ordem subconsciente. A alguns porém ela preocupa especialmente como a Beauduin, a Cendrars etc. Estes procuram entre pesquisas mais ou menos eficazes a forma em que ela melhormente se realize. Procuramos! Esforçamo-nos em busca duma forma que objetive esta multiplicidade interior e exterior cada vez mais acentuada pelo progresso material e na sua representação máxima em nossos dias. Talvez esforço vão... Talvez quimera... Que importa? Tende piedade dos inquietos! dos que procuram, e procuram ardentes, e procuram morrendo, atraídos (eterna imagem) por:

l'Impossible
centre attractif où nos destins gravitent...

Encerro meu assunto.

Noções gerais. Mesmo muitas vezes abandonadas.

O impressionismo construtivo em que nos debatemos é naturalmente uma florada de contradições.

E mesmo os poetas que em Itália, França, Brasil, Alemanha, Rússia etc. caminham por esta mesma estrada de construção que levará a Poesia a um novo período clássico não seguem juntos. Uns mais adiante. Outros mais atrás. Outros perdem-se nas encruzilhadas.

E será preciso dizê-lo ainda? Marinetti, que muitos imaginam o cruciferário da procissão, vai atrasadote, preocupado em sustentar seu futurismo, retórico às vezes, sempre gritalhão.

Mas lá seguimos todos irmanados por um mesmo ideal de aventura e sinceridade, escoteiros da nova Poesia. Não mais irritados! Não mais destruidores! Não mais derribadores de ídolos! Os passadistas não conseguem tirar de nós mais que o dorso da indiferença. O amor esclarecido ao passado e o estudo da lição histórica dão-nos a serenidade. A certeza duma ânsia legítima, dum ideal científico, dá-nos o entusiasmo. E é revestido com o aço da indiferença,

os linhos da serenidade,

as pelúcias do amor,

os cetins barulhentos do entusiasmo, que partimos para o oriente, rumo do Ararat.

É desse lado que o sol nasce.

Mas não é só por causa do sol que partimos! É pela felicidade de partir, pela alegria de nos lançarmos na Aventura Nova! É pela glória honesta de caminhar, de agir, de viver!

Deliciosa antemanhã!

E olhar rapidamente para trás, só para sorrir, vendo a noite dilacerar-se em clarões de incêndio.

É que no ponto donde partimos ficaram outros tantos moços, atoleimados, furibundos, preocupados em carrear tinas infecundas de água fria. Araras! Insistem ainda em apagar o incêndio cujas garras nervosas, movediças pulverizam fragorosamente as derradeiras torres de marfim.

Ao rebate dos sinos que imploram a conservação das arquiteturas ruídas respondemos com o "Larga!" aventureiro da vida que não para.

Laus Deo

Apêndice

A

Frase vaidosa. Insubstituível. Em arte individualismo se traduz por personalidade. Dizem que foi a Renascença a trazer essas coisas... O individualismo filosófico e religioso como a personalidade artística existiram em todos os tempos embora cada vez mais se acentuem e transpareçam. O atual renascimento do espiritualismo e mesmo do catolicismo (pois neoescolástica não traz no "neo" que a enfeita o coeficiente do eu central, irradiante dos reformadores?) assim como a clara direção construtiva das artes não destruirão o individualismo. Consequência fatal de nossa liberdade. É inútil pois atacar individualismo, personalidade, originalidade. Embora o homem seja eminentemente social, um coletivo de almas a bem dizer não existe. O número dois em se tratando de seres pensantes é criação conciliatória mas falsa. Mesmo num convento à hora de matinas jamais haverá 5 monges adorando Deus. Sob o ponto de vista do *caráter* da adoração há na realidade 1, 1, 1, 1, e 1 monges. Cada 1 adora Deus a seu modo. Dizem que o excesso de personalidade de certas obras modernistas é consequência ainda do Romantismo. Não é. É resultado da evolução geral da humanidade. Desde os primeiros tempos sabidos a personalidade não deixou de transparecer cada vez mais evidente. E o próprio fato de nossa poesia ser subconsciente, equilibra o excesso de coeficiente individual que por ventura grite em nós. Sim, porque a subconsciência é fundamentalmente ingênua, geral, sem preconceitos, pura, fundamentalmente humana. Ela entra com seu coeficiente de universalidade para a outra concha da balança. Equilíbrio.

B

Aqui saliento uma grande diferença entre a poética modernista e as passadas. Nestas há leis de bom proceder, há Don't, há manuais do bom conselheiro, há regras de preconceito artístico, teias concêntricas da Beleza imitativa, há Estradas que conduquem à Akademia Brasileira de Lettras. Clame a saparia

Em críticas céticas,
Não há mais poesia,
Mas há artes poéticas! (30)

Na orientação modernizante seguem-se indicações largas dentro das quais se move com prazer a liberdade individual. Não se encontram nela regras de arame farpado que constrangem senão indicações que facilitam. E tanto mais legítimas que são tiradas da realidade exterior e do maquinismo psicológico.

C

Muito curiosa de observar-se é a evolução circunferencial de João Cocteau. Cultor decidido do verso livre em Potomak onde se excetuam apenas dois ou três casos muito especiais de verso medido como a engraçada cançoneta do monstro. Ainda nas Poésies de 1920 o número de poemas em metro livre é de muito superior aos de métrica predeterminada. Com seu último livro Vocabulaire espanta os cultores do verso livre apresentando uma coleção de poesias quase todas metrificadas. A meu ver o poeta não tem razão. O que não impede que seja Vocabulaire a melhor de suas obras como conjunto embora não haja coisa alguma nela que se compare à Berceuse e a mais dois ou três poemas do Potomak.

Cocteau é demasiadamente... parisiense. Creio bem que a variabilidade da moda tal como esta é compreendida em Paris, não só de roupas mas de filosofias, religiões, estéticas, influiu bastante no retorno do poeta à poesia metrificada. Temo que Cocteau se torne um diletante de fórmulas poéticas, um Eduardo VII da moda artística. Há questão de meses gritava-se em Paris: "Basta de arte negra! Basta de Egito! Grandes: unicamente Fídias e Miguel Anjo!" E Paris parecia ter descoberto a genialidade de Fídias, a grandeza do teto da Sistina. Na poesia... "on ronsardise". É muito possível que em quatro ou oito meses Rembrandt, Ticiano, Millevoye sejam os gênios novos descobertos pela estesia "parisiense". É mesmo ainda possível que se volte a Tiepolo e quem sabe? a Cabanel, a Rostand... Não se importará Paris que eu lhe envie da minha imóvel S. Paulo um sorriso meio irônico... Portanto coloque-se neste lugar um sorriso meio irônico dirigido à cidade de Paris.

D

Exagera principalmente em vista de reproduzir mais exatamente a sensação. Foi Hume que observou que a imagem memoriada reproduz a sensação porém enfraquecida. *Deforma* principalmente em vista de dar a sensação que ele, poeta, sentiu com sua hipersensibilidade. Este último é o princípio básico do Expressionismo. Ainda pela deformação o artista consegue conservar o espectador dentro da sensação de arte. Nele não desperta saudades nem relembranças da natureza ou da vida. Ora, como diz Landsberger, esta relembrança torna a obra de arte relativa à natureza e à vida quando ela deve ser absoluta.

E

Também por aqui, curiosa anomalia, nos aproximamos dos primitivos (P). Ribot fala algures da linguagem dos primitivos na qual os termos não são geralmente ligados mas justapostos. Dirão que é estultice abandonar uma língua já gramaticada, instrumento perfeito. As carruagens admiráveis e as estupendas raças cavalares não impediram que no fim do século passado Santos Dumont passeasse nas ruas de Paris num raquítico e ridículo carrinho puxado... por gasolina. Esse carrinho chama-se agora automóvel.

F

Mallarmé tinha o que chamaremos sensações por analogia. Nada de novo. Poetas de todas as épocas as tiveram. Mas Mallarmé, percebida a analogia inicial, abandonava a sensação, o lirismo, preocupando-se unicamente com a analogia criada. Contava-a e o que é pior desenvolvia-a intelectualmente obtendo assim enigmas que são joias de factura mas desprovidos muitas vezes de lirismo e sentimento. Assim quase todos os seus famosos sonetos de amor onde o artista está sempre presente mas o poeta só aparece em lampejos rápidos: "Quelle soie aux baumes de temps", "Surgi de la croupe et du bond..." etc. E confesso ainda sinceramente que foi Thibaudet quem me ensinou a *sentir* o primeiro destes sonetos. Inegavelmente com esse processo de desenvolver pela inteligência a imagem inicial, com estar sempre *ao lado do sentimento* em contínuas analogias e perífrases a obra de Mallarmé apresenta um aspecto de coisa falsa, de preciosismo, muito pouco aceitável para a sinceridade sem-vergonha dos modernistas. Cocteau apresenta poemas em Vocabulaire nos quais a sensação metafórica inicial se desenvolve. Mas há uma cambiante por onde sua sinceridade se justifica. Mallarmé desenvolvia friamente, intelectualmente a analogia primeira produzida pela sensação. Ninguém negará que a maioria das obras de Mallarmé é fria como um livro parnasiano – o que não quer dizer que todas as obras parnasianas sejam frias. Mallarmé caminha por associações de ideias conscientes, provocadas. Cocteau deixa-se levar cismativamente por *associações alucinatórias* originadas da imagem produzida pela primeira sensação. Associações alucinatórias provocadas por uma razão que deixa de reagir, subitânea obnubilação a que a personalidade se entrega exausta. Tem-se falado muito em associações de imagens e de ideias... As associações alucinatórias são uma curiosa fonte de lirismo. Fenômeno em que acredito piamente observando-o em mim mesmo. (É verdade que sou um homem à parte. Tanto se tem dito ser eu um caso patológico que principio seriamente a acreditar em minha loucura. Já pensei mesmo várias vezes em entrar para uma casa-de-saúde. Mas o mundo é tão bom! É tão divertida a companhia dos homens sensatos!...) Associações alucinatórias. Uma imagem gera dentro de nós uma sensação. Esta sensação nos conduz a sensações análogas. Todo um novo ambiente se forma para o qual nos transportamos em rápida alucinação. Temos então toda uma série de sensações que não são produzidas pela realidade mas pela memória de fatos passados despertados pela analogia inicial. O cheiro do peixe cru lembra-nos o mar. E *sentimos*, temos a sensação do mar, a sensação das larguezas, corremos na areia, nadamos, banhistas, vapores, Santos. Nada pois mais natural que o poeta cantar o novo ambiente. Exemplos:

BAIGNEUSE

Bon nègre, ce qui vous effarouche,
C'est de croire madame nue en plein air,
Or c'est son éventail en plumes d'autruches
Que vous prenez pour l'écume de mer.

L'océan n'est pas un troupeau d'autruches,
Bien qu'il mange des cailloux, des algues;
Ce serait facile de devenir riches
En arrachant toutes les plumes des vagues.

Ses initiales sont sur l'éventail;
Il ne s'agit pas de sable par terre.
Ne voyez-vous pas d'où s'élance sa taille?
C'est lo bal de l'ambassede d'Angleterre. (31)

Exemplo ainda imperfeito. O novo ambiente (a banhista nas espumas do mar) não destrói totalmente a realidade que o produziu (a mulher largamente decotada, com o leque de plumas repousando sobre os seios). Mas eis Moscardelli:

NAUFRAGIO

Naufraghi immani
d'un nubifragio aeroceleste
pendono disperatamente:
d'intorno va e viene la gente
piangente.
Feroci cannibali rapaci
che vennero di lontano
sventrano i cadaveri,
finiscono i morenti.
Soffia il maestrale
se passa in fretta un uomo.
Si capovolge l'universo
per un respiro de pigmeo asmatico:
la grassa preda que seminò la Morte
ai rapaci
giace:
ma d'un colpo é spazzata
dispersa
dalle casalinghe parche igieniche:
s'ammassano le vele che al vento
alzavano le braccia pendenti
Tutto tace
in pace:
l'universo ripiglia il suo cammino.

Cosí mi balzarono dinanzi
ai primi geli d'inverno
i cadaveri scheletrici delle mosche
sul vetri ove i ragni le disossano.

Estas associações serão fatalmente curtas, alucinações momentâneas que qualquer coisa perturbará, trazendo de novo a realidade.

G

Aliás além dessa lógica subconsciente o poema sofre outras lógicas coordenatórias. Poderá repetir-se o que diz Ribot a respeito de música: “O trabalho criador também é organizador, cria e coordena ao mesmo tempo; e o trabalho crítico que acrescenta, elimina, adapta, modifica, *comum a todos os modos de invenção*, também aqui se verifica.”

H

O Romantismo usou a observação sincera do eu. Bom caráter. Mas caráter já existente. E uma Safo, um Job, um Catulo, um S. Francisco de Assis, um Gonzaga, tantos e tantos! apresentam essa característica com a mesma intensidade que o grande Musset. Mas não é a observação do eu interior que caracteriza o Romantismo escola. É antes o cultivo da dor, o gosto pelo exótico, pelo lendário, o medievalismo sem crítica. Este o verdadeiro Romantismo escola. Este o “mau Romantismo”. “La guerre et le romantisme, fléaux effroyables!” (32)

I

Convém lembrar todavia que apenas condeno o emprego sistemático da associação de imagens. O moto-lírico tem de ser fatalmente bastante forte (pois é transformador de energias) da intensidade das sensações produzindo a luz da poesia. Sua atividade desperta em nós o desejo de agir e a atenção.

É esta que por sua vez verifica a existência do moto-lírico e o determina, classifica. As associações de imagens são como pequenos eclipses da atenção produzidos pela fadiga. Mas a atenção logo retoma seu império reconduzindo o poeta ao movimento lírico inicial ou a um outro que dele se derive ou a ele se aparente. 1º: A associação é psicológica. É real. Tem sua razão de ser em nossa poesia pois que nossos princípios são em última análise realísticos e estamos ligados à verdade psicológica. 2º: A associação sistematizada como a pratica Luís Aranha no trecho citado obedece ao princípio de unidade instável em que não há propriamente criação. Blaise Cendrars exagerando como faz Luís Aranha, numa parte da Prose du Transsibérien, vê-se obrigado a interromper a evolução do poema para verificar o estado psicológico em que está. E assim termina uma aliás interessantíssima, longa série de associações:

Autant d'images-associations que je ne peux pas développer dans mes vers
Car je suis encore fort mauvais poète, etc.

para voltar de novo ao assunto lírico do poema. Retorno violento em demasia. Interrupção sem motivo. Quebra do êxtase. Desequilíbrio. Sob esse aspecto o trecho de Luís Aranha é superior ao do modernista francês pois que o poeta paulistano faz como que uma digressão de associações que dá uma volta mais longa que de costume mas que o conduz de novo sem interrupção concatenadamente ao entrecho do poema:

"Os barcos de minha imaginação nos mares de todo o mundo
Manhã
A lâmpada azul empalidecendo..." etc.

Também Sérgio Milliet. Em Visions põe-se a descrever sua própria alma "pays de luxe et de mensonge". E:

O féeriques Babylones
Empires décadents
Extases et opiums
Et quelle richesse en philosophies audacienses, explications inedites de l'univers, poèmes absolus dans la relativité du

temps... Et quels tombeaux insondables de
douleurs toutes saignantes
rouges
bleues
blanches
Vive la France!
Marseillaises enivrantes,
enthousiastes, symphonies diaphanes, opéras dadaístes dans
des décors subconscients... en jouir
dans ma solitude!... etc.

Um cansaço da atenção produziu a associação: "saignantes, rouges, bleues, blanches, Vive la France!, Marseillaises enivrantes, enthousiastes" que o reconduz de novo ao assunto lírico, descrição do que tem na alma que não pode esquecer Rimbaud e Baudelaire. Esse retorno tal como o praticaram Luís Aranha e Sérgio Milliet é perfeitamente científico. A ideia primeira, o moto-lírico, o princípio afetivo que nos leva a criar é tão enérgico que não pode ser abandonado. À mais longínqua relação entre eles e uma das imagens duma associação desperta de novo a atenção e nos reconduz ao tema. 3º: O princípio da associação é utilizado pela música há séculos. O que em linguagem técnica musical se chama um "divertimento" nada mais é do que isso. Exposto um tema o músico deixa-se levar por uma série de associações de imagens sonoras que o reconduzem ou ao mesmo tema (rondó, fuga) ou a um segundo tema (allegro de sonata). 4º: A rima é também uma associação de imagens. E da pior espécie pois provocada e consciente, estimulante de inspiração falsa como o café, a morfina, o ópio, etc.

J

Por duas vezes já nesta escrita invoquei o cansaço intelectual. Certos modernistas, *boxeurs* e *blagueurs* de saúde perfeita, irritam-se porque reconheço em mim, em nós, a existência da fadiga intelectual. Esclareço um tanto o caso. Levados pelo cansaço intelectual certos poetas, precursores nossos, construíram uma poesia aparentemente louca (entre os loucos e os poetas há um vidro apenas, conta-se no Potomak) em que foram abandonadas no máximo possível duas das funções da inteligência: a razão e a consciência. Isso foi no tempo em que se exclamava ainda: "A gramática não existe!" E mesmo antes, com Rimbaud, Laforgue, Lautréamont... Hoje esse cansaço está diminuído pela terapêutica esportiva e bélica. Pode não existir em alguns. Na maioria existe. Mas certos processos técnicos empregados por aqueles precursores – *processos derivados do cansaço intelectual em que viviam* –, elevaram-se agora a receitas. Usam-se quotidianamente. Hoje, período construtivo, o poeta com estudar a prática desses processos reconheceu neles meios extraordinariamente expressivos da naturalidade, da sinceridade e o que é mais importante ainda, os *únicos capazes de concordar com a verdade psicológica e com a natureza virgem do lirismo.* Daí fazer-se emprego diário desses processos. Portanto o cansaço intelectual deve ser apontado como uma das causas geratrizes da poética modernista (Q).

O cansaço intelectual é intermitente nas suas manifestações. Seu efeito quase sempre periférico, epidérmico. Não prejudica ou modifica o pensamento senão a *forma* dentro da qual esse pensamento se manifesta. Nós pensamos ideias do autor dos Araniaca, ideias de Tales de Mileto, ideias de Santo Agostinho, de Descartes, de toda a gente. A farinha em que o pensamento se amassa é a mesma. Os grãos tirados dos mastabas egípcios deram trigo igual ao argentino. O pão é que tem forma diferente.

Nietzsche serviu o ágape humano com uma dessas broas de imigrante, pesadíssimas, indigestas... Provocadoras de pesadelos: Guilherme II. Veio a guerra. O poeta modernista oferece pãezinhos concentrados sobre os quais influiu a lição de economia e o *desejo de fazer coisa nova.* Nisto também há uma prova do cansaço intelectual. A procura do novo, da originalidade, de que se faz cavalo de batalha contra nós é desejo legítimo que nas ciências produziu Euclides, Galileu, Newton e Einstein e nas artes Sófocles, Giotto, Dante, Cervantes, Gonçalves Dias, Edschmid (33). Tantos e tantos! A inovação em arte deriva parcialmente, queiram ou não os boxistas, do cansaço intelectual produzido pelo já visto, pelo tédio da monotonia.

K

Mas força é notar que apesar dos descobrimentos porventura realizados por nós ficamos ainda uns imaginativos e não uns pensadores.

L

Donde diferença essencial entre nós (impressionismo construtivo) e os simbolistas (impressionismo destrutivo). No Simbolismo o objeto, o fato é substituído pela imagem, pela analogia que produziu. Individualismo. Caráter romântico. Na poesia modernista o objeto é dito simplesmente pela força de comoção que nele existe em estado latente e que em nós se transforma pelo fenômeno ativo da sensação. Universalidade. Caráter clássico.

M

Levado ainda pela rapidez sintética o poeta modernista vai mesmo às vezes a eliminar o princípio de comparação que existe nas imagens dos poetas passados, o "como", o "assim também", o "tal"... etc. Justapõe simplesmente os termos. Formam-se assim imagens de feição mais rápida e sugestiva. De Govoni por exemplo "i galli bersaglieri" em que o segundo termo é a comparação e funciona como adjetivo formando imagem saborosa e imprevista.

N

A obra de arte do espaço pretende equilíbrio imediato. Por isso a simultaneidade num quadro é quase sempre defeituosa, antiestética, ultraimpressionista, quase sempre destruidora das verdadeiras qualidades pictóricas. A obra de arte do tempo pretende equilíbrio mediato. Nela pode dar-se simultaneidade pois a própria compreensão duma obra de arte do tempo é uma simultaneidade de atos de memória. A compenetração, a simultaneidade das sensações é fenômeno observado quotidianamente na vida. A maneira de construir a simultaneidade pelas artes da palavra tem de ser por enquanto a sucessão de juízos desconexos aparentemente entre si mas que se juntam para um resultado total final. Creio mesmo que outra maneira não existirá nunca. Mas não busco penetrar o futuro. Meu único ideal é observar o presente. E o passado. E o passado me mostra a simultaneidade do parêntese. E mesmo na literatura de língua portuguesa trechos em que grandes poetas observando o que se passava no eu interior procuraram embora atemorizados realizar a simultaneidade. Já falei na cena da luta do I-Juca-Pirama (34). Conhecerão acaso o sublime Entre-sombras de Antero de Quental? O poeta procura realizar a simultaneidade do eu e do mundo exterior. Como a realiza? Enquanto o poema, em quadras, conta o estado afetivo cada segundo verso de estrofe interrompe o reconto e descreve a noite.

Vem às vezes sentar-se ao pé de mim
– A noite desce, desfolhando as rosas –
Vem ter comigo às horas duvidosas,
Uma visão com asas de cetim...

Pousa de leve a delicada mão
– Rescende aroma a noite sossegada –
Pousa a mão compassiva e perfumada
Sobre o meu dolorido coração... etc.

Na poesia Os meus olhos de Soror Dolorosa Guilherme de Almeida emprega sistematicamente o parêntese, imitando Rostand, para expressar a simultaneidade dos sentimentos. São exemplos que não procuro. Surgem-me à lembrança. Outros acharia. E as cantigas paralelísticas do engraçado trovar antigo? Não são elas a simultaneidade de duas ideias irmãs, nascidas dum motivo lírico único inicial?

Que coita tamanha ei a sofrer
por amar amigu'e **non o veer!**
e pousarei so lo avelanal.

Que coita tamanha ei endurar
por amar amigu'e non lhi falar!
e pousarei so lo avelanal.

Por amar amigu'e non o veer,
nen lh'ousar a coita que ei dizer!
e pousarei so lo avelanal.

Por amar amigu'e non lhi falar
nen lh'ousar a coita que ei mostrar!
e pousarei so lo avelanal.

Nem lh'ousar a coita que ei dizer
e non mi dan seus amores lezer!
e pousarei so lo avelanal.

Nen lh'ousar a coita que ei mostrar,
e non mi dan seus amores vagar?
e pousarei so lo avelanal. (35)

Note-se porém: a simultaneidade embora exista constantemente não tem uma importância tão definitiva que a torne obrigatória em todas as poesias. Isso seria preconceito. Há estados psicológicos nos quais uma comoção domina tão fortemente que a vemos só a ela e só a ela sentimos. A simultaneidade é mais própria dos estados de cisma em que se dá como que um nivelamento de sensações. Todas estas se igualam em poder ativo e importância e se equiparam num só plano. Que a cisma seja eminentemente poética (36) e muito ocorrente na vida quem o negará? Não há passeio, não há atravessar ruas em que ela não seja mais ou menos nosso estado psicológico. Realizá-la na polifonia politonal aparentemente disparatada das sensações recebidas é construir o poema simultâneo. Haverá nisso impressionismo? Não, porque não abandonaremos posteriormente a crítica e a procura de equilíbrio, inevitáveis dignificadoras da obra de arte. Não ainda: porque não há pontilhismo, transbordamento de volumes, de luzes, de linhas, compenetração de planos, mas limite, volumes determinados, cores fixas, esboço e sucessão de planos para um resultado realístico transitório, unicamente simultâneo para a sensação total final. E não, finalmente: porque não repetimos o realismo exterior (fotografia, cópia) mas deformâmo-lo (realismo psíquico).

O

Ribot: "L'état normal de notre esprit, c'est la pluralité des états de conscience (le polyidéisme). Par voie d'association, il y a un rayonnement en tous sens." Ribot: "Dans sa détermination des causes régulatrices de l'association des idées, Ziehen désigne l'une d'elles sous le nom de 'constellation' qui a été adopté par quelques auteurs. Ce fait peut s'énoncer ainsi: L'évocation d'une image ou d'un groupe d'images est, dans quelques cas, le résultat d'une somme de tendances prédominantes. Une idée peut être le point de départ d'une foule d'associations. Le mot Rome peut en susciter des centaines. Pourquoi l'une est-elle évoquée plutôt qu'une autre et à tel moment plutôt qu'à tel autre? Il y a des associations fondées sur la contiguité et la ressemblance que l'on peut prévoir, mais le reste? Voici une idée A; elle est le centre d'un réseau, elle peut rayonner en tout sens B, C, D, E, F, etc.; pourquoi évoque-t--elle maintenant B, plus tard F? C'est que chaque image est assimilable à une force de tension qui peut passer à l'état de force vive et, dans cette tendance, elle peut être renforcée ou entravée par d'autres images. Il y a des tendances stimulatrices et des tendances inhibitoires. B est à l'état de tension et C ne l'est pas, ou bien D exerce sur C une influence d'arrêt (37): par suite C ne peut prévaloir, mais une heure plus tard les conditions sont changées et la victoire reste à C. *Ce phénomène repose sur une base physiologique; l'existence de plusieurs courants à l'état de diffusion dans le cerveau et la possibilité de recevoir des excitations simultanées.*"

P

Ainda não vi sublinhado com bastante descaramento e sinceridade esse caráter primitivista de nossa época artística. Somos na realidade uns primitivos. E como todos os primitivos realistas e estilizadores. A realização sincera da matéria afetiva e do subconsciente é nosso realismo. Pela imaginação deformadora e sintética somos estilizadores. O problema é juntar num todo equilibrado essas tendências contraditórias. Contradigo-me. Erro. Firo-me. Tombo. Morrerei? É coisa que não me preocupa nem perturba. Em todos os períodos construtivos é assim. Pensemos em tudo o que se fez e desfez para que o avião se tornasse um utensil da modernidade e a ópera chegasse a Núpcias de Fígaro e a Tristão. Os clássicos virão mais tarde que escolherão das nossas engrenagens tudo o que lhes servirá, não para construir obras-primas (que são de todos os períodos) mas para edificar uma nova estesia, completa, serena, mais humanamente universal.

Q

Somos homens duma imaginação dominadora quase feroz. Inegável. Apesar disso: críticos, estudiosos, esfomeados de ciência, legitimamente intelectuais. Donde vem pois esse estado de cisma (rêverie) contínua, exaltada ou lassa, que apresentam muitas vezes (um demasiado número de vezes!) as criações dos poetas modernistas senão da fadiga intelectual? Basta consultar um tratado de psicologia. Surbled: "*La rêverie est un de ces états de relâchement ou de désagrégation partielle de la vie encéphalique qui mettent l'imagination en branle, le sous-moi en liesse, sans le contrôle et la direction de la froide raison*". Mas o que há de *melhor sobre a fadiga é ainda o trabalho do grande Angelo Mosso. Um passo digno de ouvir-se: "Più specialmente la sera, ma anche di giorno, la mente comincia a distrarsi e si vedono comparire delle immagini. Appena l'attenzione si ridesta le immagini scompaiono, ma lasciano una memoria del loro passaggio, e poi per un certo tempo ci lasciano ripigliare il lavoro. Sopraviene una nuova distrazione, e quella stessa figura od un'altra ricompare di nuovo, e la si vede distintamente; di rado è una persona nota od un paese veduto..."*

Dois exemplos característicos, verdadeiras confissões desse estado de cisma, são o Panamá de Cendrars e o conto L'Extra de Aragon. Os desenhos dadaístas, tais como são praticados por Arp, provam evidentemente o mesmo estado. As obras de Kandinsky (as dos últimos anos) são rêveriesplásticas. Deveremos reagir contra isso? É muito provável que sim. Será possível? Humano? Talvezsim. Talvez não. Será possível forçar a perfeição a surgir para as artes? Saltar a evolução para que asobras atuais ganhem em serenidade, clareza, humanidade? Escrevemos para os outros ou para nósmesmos? Para *todos* os outros ou para *uns poucos* outros? Deve-se escrever para o futuro ou para o presente? Qual a obrigação do artista? Preparar obras imortais que irão colaborar na alegria das gerações futuras ou construir obras passageiras mas pessoais em que as suas impulsões líricas se destaquem para os contemporâneos como um intenso, veemente grito de sinceridade? Há nestas duas estradas, numa a obrigação moral que nos (me) atormenta, noutra a coragem de realizar esteticamente a atualidade que seria ingrato quase infame desvirtuar, mascarar, em nome dum futuro terreno que não nos pertence. Deus nos atirou sobre a Terra para que vivêssemos o castigo da vida ou preparássemos a mentira de beleza para vidas porvindouras? Dores e sofrimentos! Dúvidas e lutas. Sinto-me exausto. Meu coração parou? Um automóvel só, lá fora... É a tarde, mais serena. E si vedono comparire delle immagini. Há uns mocinhos a assobiar nos meus ouvidos uma vaia de latidos, cocoricos... Os cães rasgam-me as vestes na rua terrível, mordem-me os pés, unham-me as carnes... Eis-me despido. Nu. Diante dos que apupam. Despido também da ilusão com que pretendi amar a humanidade oceânica. Mas as vagas humanas batem contra o meu peito que é como um cais de amor. Roem-me. Roem-me. Uma longínqua, penetrante dor... Mas o sal marinho me enrija. Ergo-me mais uma vez. E ante a risada má, inconsciente, universal tenho a orgulhosa alegria de ser um homem triste. E continuo para frente. Ninguém se aproxima de mim. Gritam de longe: "Louco! Louco!" Volto-me. Respondo: "Loucos! Loucos!" É engraçadíssimo. E termino finalmente achando em tudo um cômico profundo: na humanidade, em mim, na fadiga, na inquietação e na famigerada liberdade.

Mais riez riez de moi
Hommes de partout surtout gens d'ici
Car il y a tant de choses que je n'ose vous dire
Tant de choses que vous ne me laisseriez pas dire
Ayez pitié de moi. (38)

Posfácio

Reconheça-se que é lamentável a posição dos que escrevem livros no Brasil e não têm dinheiro para publicá-los imediatamente. Ao menos certa casta de livros que lidam tentativas e para certa raça de escritores que não dão à eternidade e à vaidade a mínima importância. Confesso que das horas que escreveram esta *Escrava* em abril e maio de 22 para estas últimas noites de 1924 algumas das minhas ideias se transformaram bastante. Duas ou três morreram até. Outras estão mirradinhas, coitadas! Possível que morram também. Outras fracas desimportantes então, engordaram com as férias que lhes dava. Hoje robustas e coradas. E outras finalmente apareceram. Que aconteceu?

Este livro, rapazes, já não representa a Minha Verdade inteira da cabeça aos pés. Não se esqueçam de que é uma fotografia tirada em abril de 1922. A mudança também não é tão grande assim. As linhas matrizes se conservam. O nariz continua arrebitado. Mesmo olhar vibrátil, cor morena... Mas afinal os cabelos vão rareando, a boca firma-se em linhas menos infantis e suponhamos que a Minha Verdade tenha perdido um dente no boxe? Natural. Lutado tem ela bastante. Pois são essas as mudanças: menos cabelos e dentes, mais músculos e certamente muito maior serenidade.

É que também muita gente começa a reconhecer que a louca não era tão louca assim e que certos exageros são naturais nas revoltas. Mas eu não pretendo ficar um revoltado toda a vida, pinhões! A gente se revolta, diz muito desaforo, abre caminho e se liberta. Está livre. E agora? Ora essa! retoma o caminho descendente da vida. As revoltas passaram, estouros de pneu, cortes de cobertão, naturais em todos os caminhos que têm a coragem de ser calvários. Calvários pelo que há de mais nobre no espírito humano, a fé.

Hoje eu posso dizer isso que já nem sei se tenho mais fé. Estou cético e cínico. Cansei-me de ideias e ideais terrestres. Não me incomoda mais a existência dos tolos e cá muito em segredo, rapazes, acho que um poeta modernista e um parnasiano todos nos equivalemos e equiparamos. Ao menos porque estas lutas e mil e uma estesias por uma arte humana só provam uma coisa. É que nós também os poetas nos distinguimos pela mesma característica dominante da espécie humana, a imbecilidade. Pois não é que temos a convicção de que existem Verdades sobre a Terra quando cada qual vê as coisas de seu jeito e as recria numa realidade subjetiva individual!... É certo porém que há dois anos não sei que anjo da guarda prudencial me guiou a mão e me fez escrever já em nome da minha verdade. Em nome dela é que sempre escrevo e escreverei.

Mais uma coisa: fala-se muito e eu mesmo falei já da bancarrota da inteligência. Afinal foi a desilusão pela ciência no fim do séc. XIX europeu que provocou o predomínio dos sentidos. Daí certas manifestações romanticamente exasperadas de impressionismo e modernismo. Como existissem foi preciso justificar esse predomínio dos sentidos que as criara. As justificativas sentimentais eram insuficientes porque na inteligência é que moram razão e consciência. Ela é que justifica e da lógica, da experiência, da ciência se utiliza. Todos estes raciocínios provocaram uma revisão total de valores de onde proveio o novo renascimento da inteligência. Hoje pode-se dizer francamente que o intuicionismo faliu e Bergson com ele. A poesia intuitivamente qualitativa já não basta para o Homem Novo. A transformação será profunda.

Nas evoluções sem covardia ninguém volta para trás. O que a muitos significa voltar é na realidade um passo a mais que se dá para a frente porque das pesquisas e tentativas passadas muita riqueza ficou. O paisagismo sentimental (sentimental não é pejorativo aqui) a que tenderam quase todas as manifestações modernistas deste primeiro quartel do séc. XX, paisagismo cuja característica principal foi uma desleixada interpenetração do eu e do não eu e confusão deles, o paisagismo sentimental já vai aos poucos terminando porque a inteligência é orgulhosa de si e manda que cada coisa conheça o seu lugar.

Eu mesmo poderia objetar o que dentro deste livro já disse mais ou menos: que afinal todo este lirismo subconsciente é ainda filho da inteligência ao menos como teoria. Nestes dias de 1924 eu já respondo que mesmo sendo isso verdade a inteligência procedeu negativamente apagando-se ante os outros domínios do ser.

Foi serva disposta apenas a ministrar os pequenos e paliativos remédios da farmacopeia didático-técnico-poética ohoh! quando a ela cabe senão superioridade e prioridade, cabe o domínio, a orientação e a palavra final. Nos discursos atuais, rapazes, já é de novo a inteligência que pronuncia o tenho-dito.

M. DE A.
Novembro/1924.

Notas de Mário de Andrade em *A Escrava que não é Isaura*

1) Seria talvez mais exato dizer: necessidade de exteriorizar.

2)"A inspiração parece um telegrama cifrado que a atividade inconsciente envia à atividade consciente, que o traduz."

3) Recordo-me que Laforgue já dissera:
"La femme?
– J'en sors
La mort
Dans l'âme..."

4) Luís Aragon.

5) F. T. Marinetti.

6) Vildrac.

7) Gourmont.

8) *"Il n'y a qu'une autorité actuellement indiscutée, c'est la science."* Grasset.

9) A razão deste "resolutamente" é que se podem citar exemplos de melodia infinita mesmo durante o império da melodia quadrada.

10) Sensações, associações etc.

11) *"Coi tuoi inverni, lenti, silenti". Govoni;*
"Druber ruber!" Augusto Stramm;
"Le nugole bistre, bigie, grigie". Cristaldi;
"So mussten wir klimmen, erglimmen".
Teodoro Dæubler.

12) Duhamel e Vildrac imaginaram ainda a "constante rítmica" espécie de verso de pequeno número de sílabas (4, 5, 6) intercalado pelo poeta, discricionariamente, dentro dos versos livres.

13) Apollinaire.

14) Lei ordinária de W. James.

15) As outras partes são: a preguiça de mudar, a falta de amor, a má vontade, a inveja e a burrice.

16) Epstein.

17) Nada de confusão: há grande diferença entre ser do passado e ser passadista. Goethe pertence a uma época passada mas não é passadista porque foi modernista no seu tempo. Passadista é o ser que faz papel do carro de boi numa estrada de rodagem.

18) Ribot.

19) Excetuam-se quase todos os italianos.

20) Num dos poemas de Maiakovski publicados pela revista inglesa *Fanfare* encontro – "Alô! Grande Ursa!". Os modernistas se encontram também.

21) A. Mosso.

22) P. Morand.

23) Ainda aqui uma "iluminação" de Rimbaud veio afinal a resolver-se numa verdade científica. Os menos ignorantes recordar-se-ão de que na *Alquimia do verbo* ele confessa apreciar pinturas de casas de comércio, anúncios etc. Estou convencido de que a necessidade de síntese e de energia que deu a tais anúncios formas elípticas arrojadas influiu na sintaxe dos modernistas. Mesmo na língua, afirma Fernando Brunot no seu recente livro *La pensée et la langue*. Não conheço esta obra. Mas eis um trecho do capítulo Indications, citado por Thibaudet: "*Il paraît chaque jour, par milliers dans les journaux des indications de toutes espèces; il y a dans les rues, sur les enseignes, partout: épicerie en gros. Docteur médecin, Maladies des yeux, Défense d'afficher... Il ne faudrait pas croire qu'il y ait là une forme inférieure du langage; ces indications ont un rôle immense dans la vie, et exercent une influence sensible sur le développement de la langue. Depuis de XIX*[e] *siècle surtout elles contribuent fortement aux changements du lexique, à cause de leurs besoins propres. Elles ne sont pas non plus sans action sur la syntaxe, par les réductions auxquelles les obligent les places, les prix et la necessité d'etre lues d'un coup d'oeil; c'est un style télégraphique d'un autre genre, qui a ses règles obscures, dont la principale est de faire le plus d'effet avec le moins de mots possibles.*" Há nestas frases toda a expressão de uma técnica muito usada entre os modernistas de todas as artes.

24) Epstein é que fala disso.

25) Esta definição está completa para as pessoas *"Esprit-Nouveau"*. Aqui no Brasil é preciso que se entenda que as comoções são de ordem artística. Edgardo Poe já observara, na Filosofia da composição, que construíra O Corvo com a precisão e a rigidez dum problema de matemáticas.

26) É um dos maiores defeitos de Pauliceia desvairada. Há musicalidade musical e musicalidade oral. Realizei ou procurei realizar muitas vezes a primeira com prejuízo da clareza do discurso.

27) "O artista, ao qual a finalidade de sua arte não seja música, está na fase do boneco". – G. Hauptmann.

28) *"... un aeroplane qui tombe*
C'est moi".

29) *"...j'etais boeuf."*

30) Manuel Bandeira. Carnaval é de 1919. Manuel Bandeira – São João Batista da Nova Poesia.

31) Cocteau.

32) Anatólio France.

33) "Tendo sempre em vista a originalidade – pois é falso para consigo mesmo quem se aventura a abandonar uma fonte de interesse tão óbvia e facilmente atingível..." Poe.

34) Pauliceia Desvairada. Prefácio.

35) Nuno Fernandez Torneol.

36) "(...) porque me deixei cair num verdadeiro estado poético de distração, de mudez – cessou-me a vida toda de relação, e não me sentia existir senão por dentro" – Garret.

37) Freud estuda casos destes em Psicologia da vida quotidiana.

38) Apollinaire.

Nota do editor

A obra de Mário de Andrade é vasta e abrange amplas áreas da produção simbólica. Assim, os dois manifestos aqui transcritos, embora verdadeiramente históricos, são fotografias, como ele mesmo informa em *A Escrava que não é Isaura*, e refletem apenas um instantâneo – inicial – de sua prodigiosa contribuição. Poeta, romancista, músico, pesquisador, teórico e homem público, deixou como legado além de sua imensa e generosa obra de artista e pesquisador, uma imensa e qualificadíssima biblioteca, que se encontra no acervo do Instituto de Estudos Brasileiros da Universidade de São Paulo, e que tem sido fonte de consulta há décadas.

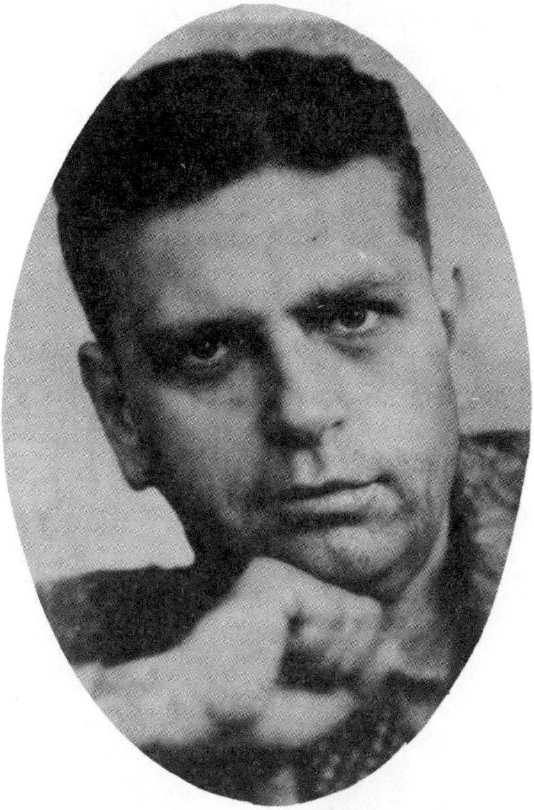

OSWALD DE ANDRADE

Manifesto da Poesia Pau-Brasil – 1924

A poesia existe nos fatos. Os casebres de açafrão e de ocre nos verdes da Favela, sob o azul cabralino, são fatos estéticos.

O Carnaval no Rio é o acontecimento religioso da raça. Pau--Brasil. Wagner submerge ante os cordões de Botafogo. Bárbaro e nosso. A formação étnica rica. Riqueza vegetal. O minério. A cozinha. O vatapá, o ouro e a dança.

Toda a história bandeirante e a história comercial do Brasil. O lado doutor, o lado citações, o lado autores conhecidos. Comovente. Rui Barbosa: uma cartola na Senegâmbia. Tudo revertendo em riqueza. A riqueza dos bailes e das frases feitas. Negras de jockey. Odaliscas no Catumbi. Falar difícil.

O lado doutor. Fatalidade do primeiro branco aportado e dominando politicamente as selvas selvagens. O bacharel. Não podemos deixar de ser doutos. Doutores. País de dores anônimas, de doutores anônimos. O Império foi assim. Eruditamos tudo. Esquecemos o gavião de penacho.

A nunca exportação de poesia. A poesia anda oculta nos cipós maliciosos da sabedoria. Nas lianas da saudade universitária.

Mas houve um estouro nos aprendimentos. Os homens que sabiam tudo se deformaram como borrachas sopradas. Rebentaram.

A volta à especialização. Filósofos fazendo filosofia, críticos, crítica, donas de casa tratando de cozinha.

A Poesia para os poetas. Alegria dos que não sabem e descobrem.

Tinha havido a inversão de tudo, a invasão de tudo: o teatro de base e a luta no palco entre morais e imorais. A tese deve ser decidida em guerra de sociólogos, de homens de lei, gordos e dourados como Corpus Juris.

Ágil o teatro, filho do saltimbanco. Ágil e ilógico. Ágil o romance, nascido da invenção. Ágil a poesia.

A poesia Pau-Brasil, ágil e cândida. Como uma criança.

Uma sugestão de Blaise Cendrars: – Tendes as locomotivas cheias, ides partir. Um negro gira a manivela do desvio rotativo em que estais. O menor descuido vos fará partir na direção oposta ao vosso destino.

Contra o gabinetismo, a prática culta da vida. Engenheiros em vez de jurisconsultos, perdidos como chineses na genealogia das ideias.

A língua sem arcaísmos, sem erudição. Natural e neológica. A contribuição milionária de todos os erros. Como falamos. Como somos.

Não há luta na terra de vocações acadêmicas. Há só fardas. Os futuristas e os outros.

Uma única luta – a luta pelo caminho. Dividamos: poesia de importação. E a Poesia Pau-Brasil, de exportação.

Houve um fenômeno de democratização estética nas cinco partes sábias do mundo. Instituíra-se o naturalismo.

Copiar. Quadro de carneiros que não fosse lã mesmo, não prestava. A interpretação no dicionário oral das Escolas de Belas Artes queria dizer reproduzir igualzinho...Veio a pirogravura. As meninas de todos os lares ficaram artistas.

Apareceu a máquina fotográfica. E com todas as prerrogativas do cabelo grande, da caspa e da misteriosa genialidade de olho virado – o artista fotográfico.

Na música, o piano invadiu as saletas nuas, de folhinha na parede. Todas as meninas ficaram pianistas. Surgiu o piano de manivela, o piano de patas. A pleyela. E a ironia eslava compôs para a pleyela. Straviski.

A estatuária andou atrás. As procissões saíram novinhas das fábricas.

Só não se inventou uma máquina de fazer versos – a havia o poeta parnasiano.

Ora, a revolução indicou apenas que a arte voltava para as elites. E as elites começaram desmanchando. Duas fases: 1a) a deformação através do impressionismo, a fragmentação, o caos voluntário. De Cézanne e Malarmé, Rodin e Debussy até agora. 2a) o lirismo, a apresentação no templo, os materiais, a inocência construtiva.

O Brasil profiteur. O Brasil doutor. E a coincidência da primeira construção brasileira no movimento de reconstrução geral. Poesia Pau-Brasil.

Como a época é miraculosa, as leis nasceram do próprio rotamento dinâmico dos fatores destrutivos.

A síntese
O equilíbrio
O acabamento de carrosserie
A invenção
A surpresa
Uma nova perspectiva
Uma nova escala

Qualquer esforço natural nesse sentido será bom. Poesia Pau-Brasil.

O trabalho contra o detalhe naturalista – pela síntese; contra a morbidez romântica – pelo equilíbrio geômetra e pelo acabamento técnico; contra a cópia, pela invenção e pela surpresa.

Uma nova perspectiva.

A nova, a de Paolo Ucello criou o naturalismo de apogeu. Era uma ilusão de ótica. Os objetos distantes não diminuíam. Era uma lei de aparência. Ora, o momento é de reação à aparência. Reação à cópia. Substituir a perspectiva visual e naturalista por uma perspectiva de outra ordem: sentimental, intelectual, irônica, ingênua.

Uma nova escala:

A outra, a de um mundo proporcionado e catalogado com letras nos livros, crianças nos colos. O reclame produzindo letras maiores que torres. E as novas formas da indústria, da viação, da aviação. Postes. Gasômetros Rails. Laboratórios e oficinas técnicas. Vozes e tics de fios e ondas e fulgurações. Estrelas familiarizadas com negativos fotográficos. O correspondente da surpresa física em arte.

A reação contra o assunto invasor, diverso da finalidade. A peça de tese era um arranjo monstruoso. O romance de ideias, uma mistura. O quadro histórico, uma aberração. A escultura eloquente, um pavor sem sentido.

Nossa época anuncia a volta ao sentido puro.

Um quadro são linhas e cores. A estatuária são volumes sob a luz.

A Poesia Pau-Brasil é uma sala de jantar das gaiolas, um sujeito magro compondo uma valsa para flauta e a Maricota lendo o jornal. No jornal anda todo o presente.

Nenhuma fórmula para a contemporânea expressão do mundo. Ver com olhos livres.

Temos a base dupla e presente – a floresta e a escola. A raça crédula e dualista e a geometria, a álgebra e a química logo depois da mamadeira e do chá de erva-doce. Um misto de "dorme nenê que o bicho vem pegá" e de equações.

Uma visão que bata nos cilindros dos moinhos, nas turbinas elétricas, nas usinas produtoras, nas questões cambiais, sem perder de vista o Museu Nacional. Pau-Brasil.

Obuses de elevadores, cubos de arranha-céus e a sábia preguiça solar. A reza. O Carnaval. A energia íntima. O sabiá. A hospitalidade um pouco sensual, amorosa. A saudade dos pajés e os campos de aviação militar. Pau-Brasil.

O trabalho da geração futurista foi ciclópico. Acertar o relógio império da literatura nacional.

Realizada essa etapa, o problema é outro. Ser regional e puro em sua época.

O estado de inocência substituindo o estado de graça que pode ser uma atitude do espírito.

O contrapeso da originalidade nativa para inutilizar a adesão acadêmica.

A reação contra todas as indigestões de sabedoria. O melhor de nossa tradição lírica. O melhor de nossa demonstração moderna.

Apenas brasileiros de nossa época. O necessário de química, de mecânica, de economia e de balística. Tudo digerido. Sem meeting cultural. Práticos. Experimentais. Poetas. Sem reminiscências livrescas. Sem comparações de apoio. Sem pesquisa etimológica. Sem ontologia.

Bárbaros, crédulos, pitorescos e meigos. Leitores de jornais. Pau-Brasil. A floresta e a escola. O Museu Nacional. A cozinha, o minério e a dança. A vegetação. Pau-Brasil.

Oswald de Andrade
(*Correio da Manhã*, 18 de março de 1924.)

Manifesto Antropofágico – 1928

Só a ANTROPOFAGIA nos une. Socialmente. Economicamente. Filosoficamente.

Única lei do mundo. Expressão mascarada de todos os individualismos, de todos os coletivismos. De todas as religiões. De todos os tratados de paz.

Tupi, or not tupi that is the question.

Contra todas as catequeses. E contra a mãe dos Gracos.

Só me interessa o que não é meu. Lei do homem. Lei do antropófago.

Estamos fatigados de todos os maridos católicos suspeitos postos em drama. Freud acabou com o enigma mulher e com os sustos da psicologia impressa.

O que atropelava a verdade era a roupa, o impermeável entre o mundo interior e o mundo exterior. A reação contra o homem vestido. O cinema americano informará.

Filhos do sol, mãe dos viventes. Encontrados e amados ferozmente, com toda a hipocrisia da saudade, pelos imigrados, pelos traficados e pelos *touristes*. No país da cobra grande.

Foi porque nunca tivemos gramáticas, nem coleções de velhos vegetais. E nunca soubemos o que era urbano, suburbano, fronteiriço e continental. Preguiçosos no mapa-múndi do Brasil.

Uma consciência participante, uma rítmica religiosa.

Contra todos os importadores de consciência enlatada. A existência palpável da vida. E a mentalidade pré-lógica para o Sr. Lévy-Bruhl estudar.

Queremos a Revolução Caraíba. Maior que a revolução Francesa. A unificação de todas as revoltas eficazes na direção do homem. Sem nós a Europa não teria sequer a sua pobre declaração dos direitos do homem.

A idade de ouro anunciada pela América. A idade de ouro. E todas as *girls*.

Filiação. O contato com o Brasil Caraíba. Ori Villegaignon *print terre*. Montaigne. O homem natural. Rosseau. Da Revolução Francesa ao Romantismo, à Revolução Bolchevista, à revolução Surrealista e ao bárbaro tecnizado de Keyserling. Caminhamos.

Nunca fomos catequizados. Vivemos através de um direito sonâmbulo. Fizemos Cristo nascer na Bahia. Ou em Belém do Pará.

Mas nunca admitimos o nascimento da lógica entre nós.

Contra o Padre Vieira. Autor do nosso primeiro empréstimo, para ganhar comissão. O rei-analfabeto dissera-lhe: ponha isso no papel mas sem muita lábia. Fez-se o empréstimo. Gravou-se o açúcar brasileiro. Vieira deixou o dinheiro em Portugal e nos trouxe a lábia.

O espírito recusa-se a conceber o espírito sem o corpo. O antropomorfismo. Necessidade da vacina antropofágica. Para o equilíbrio contra as religiões de meridiano. E as inquisições exteriores.

Só podemos atender ao mundo orecular.

Tínhamos a justiça codificação da vingança. A ciência codificação da Magia. Antropofagia. A transformação permanente do Tabu em totem.

Contra o mundo reversível e as ideias objetivadas. Cadaverizadas. O *stop* do pensamento que é dinâmico. O indivíduo vítima do sistema. Fonte das injustiças clássicas. Das injustiças românticas. E o esquecimento das conquistas interiores.

Roteiros. Roteiros. Roteiros. Roteiros. Roteiros. Roteiros. Roteiros.

O instinto Caraíba.

Morte e vida das hipóteses. Da equação eu parte do Cosmos ao axioma Cosmos parte do eu. Subsistência.

Conhecimento. Antropofagia.

Contra as elites vegetais. Em comunicação com o solo.

Nunca fomos catequizados. Fizemos foi o Carnaval. O índio vestido de senador do Império. Fingindo de Pitt. Ou figurando nas óperas de Alencar cheio de bons sentimentos portugueses.

Já tínhamos o comunismo. Já tínhamos a língua surrealista. A idade de ouro.

Catiti Catiti
Imara Notiá
Notiá Imara
Ipeju

A magia e a vida. Tínhamos a relação e a distribuição dos bens físicos, dos bens morais, dos bens dignários. E sabíamos transpor o mistério e a morte com o auxílio de algumas formas gramaticais.

Perguntei a um homem o que era o Direito. Ele me respondeu que era a garantia do exercício da possibilidade.

Esse homem chama-se Galli Mathias. Comi-o.

Só não há determinismo onde há o mistério. Mas que temos nós com isso?

Contra as histórias do homem que começam no Cabo Finisterra. O mundo não datado. Não rubricado.

Sem Napoleão. Sem César.

A fixação do progresso por meio de catálogos e aparelhos de televisão. Só a maquinaria. E os transfusores de sangue.

Contra as sublimações antagônicas. Trazidas nas caravelas.

Contra a verdade dos povos missionários, definida pela sagacidade de um antropófago, o Visconde de Cairu: – É mentira muitas vezes repetida.

Mas não foram cruzados que vieram. Foram fugitivos de uma civilização que estamos comendo, porque somos fortes e vingativos como o Jabuti.

Se Deus é a consciência do Universo Incriado, Guaraci é a mãe dos viventes. Jaci é a mãe dos vegetais.

Não tivemos especulação. Mas tínhamos adivinhação. Tínhamos Política que é a ciência da distribuição. E um sistema social-planetário.

As migrações. A fuga dos estados tediosos. Contra as escleroses urbanas. Contra os Conservatórios e o tédio especulativo.

De William James e Voronoff. A transfiguração do Tabu em totem. Antropofagia.

O pater famílias e a criação da Moral da Cegonha. Ignorância real das coisas + fala de imaginação + sentimento de autoridade ante a prole curiosa.

É preciso partir de um profundo ateísmo para se chegar à ideia de Deus. Mas a caraíba não precisava. Porque tinha Guaraci.

O objetivo criado reage como os Anjos da Queda. Depois Moisés divaga. Que temos nós com isso?

Antes dos portugueses descobrirem o Brasil, o Brasil tinha descoberto a felicidade.

Contra o índio de tocheiro. O índio filho de Maria, afilhado de Catarina de Médicis e genro de D. Antônio de Mariz.

A alegria é a prova dos nove.

No matriarcado de Pindorama.

Contra a Memória fonte do costume. A experiência pessoal renovada.

Somos concretistas. As ideias tomam conta, reagem, queimam gente nas praças públicas. Suprimamos as ideias e as outras paralisias. Pelos roteiros. Acreditar nos sinais, acreditar nos instrumentos e nas estrelas.

Contra Goethe, a mãe dos Gracos, e a Corte de D. João VI.

A alegria é a prova dos nove.

A luta entre o que se chamaria Incriado e a Criatura – ilustrada pela contradição permanente do homem e o seu Tabu. O amor cotidiano e o *modus vivendi* capitalista. Antropofagia. Absorção do inimigo sacro. Para transformá-lo em totem. A humana aventura. A terrena finalidade. Porém, só as puras elites conseguiram realizar a antropofagia carnal, que traz em si o mais alto sentido da vida e evita todos os males identificados por Freud, males catequistas. O que se dá não é uma sublimação do instinto sexual. É a escala termométrica do instinto antropofágico. De carnal, ele se torna eletivo e cria a amizade. Afetivo, o amor. Especulativo, a ciência. Desvia-se e transfere-se. Chegamos ao aviltamento. A baixa antropofagia aglomerada nos pecados de catecismo – a inveja, a usura, a calúnia, o assassinato. Peste dos chamados povos cultos e cristianizados, é contra ela que estamos agindo. Antropófagos.

Contra Anchieta cantando as onze mil virgens do céu, na terra de Iracema, – o patriarca João Ramalho fundador de São Paulo.

A nossa independência ainda não foi proclamada. Frase típica de D. João VI: – Meu filho, põe essa coroa na tua cabeça, antes que algum aventureiro o faça! Expulsamos a dinastia. É preciso expulsar o espírito bragantino, as ordenações e o rapé de Maria da Fonte.

Contra a realidade social, vestida e opressora, cadastrada por Freud – a realidade sem complexos, sem loucura, sem prostituições e sem penitenciárias do matriarcado de Pindorama.

Oswald de Andrade
Em Piratininga
Ano 374 da Deglutição do Bispo Sardinha
Revista de Antropofagia, Ano I, No. I, maio de 1928.

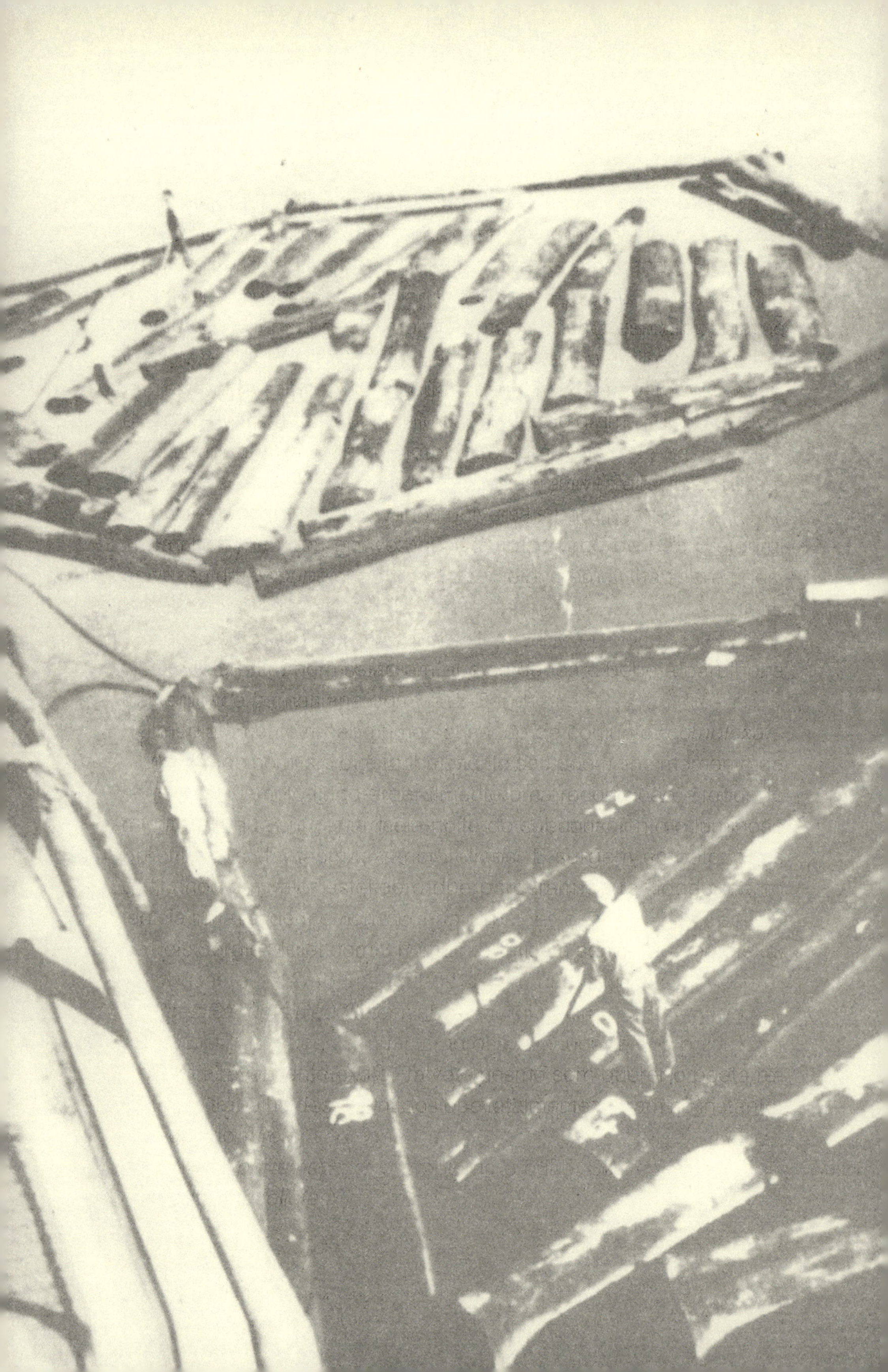

Nota do Editor

A volumosa obra de Oswald de Andrade sofreu um certo eclipse desde a sua morte e até meados dos anos 1960, quando os baianos Caetano Veloso, Gilberto Gil e demais participantes do movimento Tropicália incorporam radicalmente o conceito de antropofagia oswaldiano e chamaram a atenção para o genial e polêmico escritor paulista. Na "Geleia Geral" tropicalista, cabia tudo: do *rock'n roll* ao samba, passando pela Bossa Nova; de composições suaves e jazzísticas do também baiano João Gilberto, ao derramamento dramático de Vicente Celestino: pura antropofagia. Ao mesmo tempo, em São Paulo, os irmãos Campos (Haroldo e Augusto) e Décio Pignatari, poetas concretistas e pesquisadores das vanguardas literárias brasileiras e mundiais, procediam a uma pesquisa em profundidade da obra de Oswald e de outros escritores importantes e esquecidos ou em vias de esquecimento dos meios consagrados, como Qorpo Santo, entre outros.

GRUPOS VERDE-AMARELO E ESCOLA DA ANTA

Alfredo Éllis, Cândido Mota Filho, Cassiano Ricardo, Menotti del Picchia, Plínio Salgado

Manifesto Nhengaçu Verde-Amarelo – 1929

Manifesto do Verdeamarelismo, ou da Escola da Anta

Alfredo Éllis, Cândido Motta Filho, Cassiano Ricardo,
Menotti del Picchia e Plínio Salgado.

A descida dos tupis do planalto continental no rumo do Atlântico foi uma fatalidade histórica pré-cabralina, que preparou o ambiente para as entradas no sertão pelos aventureiros brancos desbravadores do oceano.

A expulsão, feita pelo povo tapir, dos tapuias do litoral, significa bem, na história da América, a proclamação de direito das raças e a negação de todos os preconceitos.

Embora viessem os guerreiros do Oeste, dizendo "ya so Pindorama koti, itamarana po anhatim, yara rama recé", na realidade não desceram com a sua Anta a fim de absorver a gente branca e se fixarem objetivamente na terra. Onde estão os rastros dos velhos conquistadores?

***

Os tupis desceram para serem absorvidos. Para se diluírem no sangue da gente nova. Para viver subjetivamente e transformar numa prodigiosa força a bondade do brasileiro e o seu grande sentimento de humanidade.

Seu totem não é carnívoro: Anta. É este um animal que abre caminhos, e aí parece estar indicada a predestinação da gente tupi.

Toda a história desta raça corresponde (desde o reinol Martim Afonso, ao nacionalista "verde-amarelo", José Bonifácio) a um lento desaparecer de formas objetivas e a um crescente aparecimento de forças subjetivas nacionais. O tupi significa a ausência de preconceitos. O tapuia é o próprio preconceito em fuga para o sertão. O jesuíta pensou que havia conquistado o tupi, e o tupi é que havia conquistado para si a religião do jesuíta. O português julgou que o tupi deixaria de existir; e o português transformou-se, e ergueu-se com fisionomia de nação nova contra metrópole: porque o tupi venceu dentro da alma e do sangue do português. O tapuia isolou-se na selva, para viver; e foi morto pelos arcabuzes e pelas flechas inimigas. O tupi socializou-se sem temor da morte; e ficou eternizado no sangue da nossa raça. O tapuia é morto, o tupi é vivo.

***

O mameluco voltou-se contra o índio, para destruir a expressão formal, a exterioridade aborígine; porque o que há de interior no bugre subsistirá sempre na alma do mameluco e se perpetuará nos novos tipos de cruzamento. E a fisionomia própria da gente brasileira, não fichada em definições filosóficas ou políticas, mas revelada nas tendências gerais comuns.

***

Todas as formas do jacobinismo na América são tapuias. O nacionalismo sadio, de grande finalidade histórica, de predestinação humana, esse é forçosamente tupi. Jacobinismo quer dizer isolamento, portanto desagregação.

***

O nacionalismo tupi não é intelectual. É sentimental. E de ação prática, sem desvios da corrente histórica. Pode aceitar as formas de civilização, mas impõe a essência do sentimento, a fisionomia irradiadora da sua alma. Sente Tupã, Taniandaré ou Aricuta através mesmo do catolicismo. Tem horror instintivo pelas lutas religiosas, diante das quais sorri sinceramente: pra quê?

Deram-lhe uma casaca da Câmara dos Comuns, durante mais de meio século, e a República encontrou-o igualzinho ao que ele já era no tempo de D. João, ou no tempo de Tiradentes.

Não combate nem religiões, nem filosofias, porque toda a sua força reside na sua capacidade sentimental.

***

A Nação é uma resultante de agentes históricos. O índio, o negro, o espadachim, o jesuíta, o tropeiro, o poeta, o fazendeiro, o político, o holandês, o português, o índio, o francês, os rios, as montanhas, a mineração, a pecuária, a agricultura, o sol, as léguas imensas, o Cruzeiro do Sul, o café, a literatura francesa, as políticas inglesa e americana, os oito milhões de quilômetros quadrados...

Temos de aceitar todos esses fatores, ou destruir a Nacionalidade, pelo estabelecimento de distinções, pelo desmembramento nuclear da ideia que dela formamos.

***

Como aceitar todos esses fatores? Não concedendo predominância a nenhum.

***

A filosofia tupi tem de ser forçosamente a "não filosofia". O movimento da Anta baseava-se nesse princípio. Tomava-se o índio como símbolo nacional, justamente porque ele significa a ausência de preconceito. Entre todas as raças que formaram o Brasil, a autóctone foi a única que desapareceu objetivamente. Em uma população de 34 milhões não contamos meio milhão de selvagens. Entretanto, é a única das raças que exerce subjetivamente sobre todas as outras a ação destruidora de traços caracterizantes; é a única que evita o florescimento de nacionalismos exóticos; é a raça transformadora das raças, e isso porque não declara guerra, porque não oferece a nenhuma das outras o elemento vitalizante da resistência.

***

Essa expressão de nacionalismo tupi, que foi descoberta com o movimento da Anta (do qual resultou um sectarismo exagerado e perigoso), é evidente em todos os lances da vida social e política brasileira.

Não há entre nós preconceitos de raças. Quando foi o 13 de Maio, havia negros ocupando já altas posições no país. E antes, como depois disso, os filhos de estrangeiros de todas as procedências nunca viram os seus passos tolhidos.

Também não conhecemos preconceitos religiosos. O nosso catolicismo é demasiadamente tolerante, e tão tolerante, que os próprios defensores extremados dele acusam a Igreja Brasileira de ser uma organização sem força combativa (v. Jackson Figueiredo ou Tristão de Athayde).

Não há também no Brasil o preconceito político: o que nos importa é a administração, no que andamos acertadíssimos, pois só assim consultamos as realidades nacionais. Os teoristas da República foram os que menos influíram na organização prática do novo regime. No Império, o sistema parlamentar só se efetivou pela interferência do Poder Moderador. Dentro da República os que mais realizam são os que menos doutrinam. Ainda agora, nas plataformas dos nossos candidatos, não procuramos os traços de uma ideologia política, porém o que nos interessa é apenas a diretriz da administração.

País sem preconceitos, podemos destruir as nossas bibliotecas, sem a menor consequência no metabolismo funcional dos órgãos vitais da Nação. Tudo isso, em razão do nacionalismo tupi, da não-filosofia, da ausência de sistematizações.

***

Somos um país de imigração e continuaremos a ser refúgio da humanidade por motivos geográficos e econômicos demasiadamente sabidos. Segundo os de Reclus, cabem no Brasil 300 milhões de habitantes. Na opinião bem fundamentada do sociólogo mexicano Vasconcelos, é de entre as bacias do Amazonas e do Prata que sairá a "quinta raça", a "raça cósmica", que realizará a concórdia universal, porque será filha das dores e das esperanças de toda a humanidade. Temos de construir essa grande nação, integrando na Pátria Comum todas as nossas expressões históricas, étnicas, sociais, religiosas e políticas. Pela força centrípeta do elemento tupi.

Mas, se o tupi se erigir em filosofia, criará antagonismos, provocará dissociação, será uma força centrifuga. E o Brasil falhará, pois precipitará acontecimentos. Toda e qualquer sistematização filosófica entre nós será tapuia (destinada a desaparecer assediada por outras tantas doutrinas) porque viverá a vida efêmera das formas ideológicas de antecipação, das fórmulas arbitrárias da inteligência, tendo necessidade de criar uma exegese específica, unilateral e sem a amplitude dos largos e desafogados pensamentos e sentimentos americanos e brasileiros.

***

Foi o índio que nos ensinou a rir de todos os sistemas e de todas as teorias. Criar um sistema em nome dele será substituir a nossa intuição americana e a nossa consciência de homens livres por uma mentalidade de análise e de generalização características dos povos já definidos e cristalizados.

A continuação do caminho histórico tupi só se dará pela ausência de imposições temáticas, de imperativos ideológicos. O arbítrio mental não pode sobrepor-se às fatalidades cósmicas, étnicas, sociais ou religiosas.

***

O estudo do Brasil já não será o estudo do índio. Do mesmo modo que o estudo da humanidade, que produziu o budismo, o cristianismo, a Grécia, a Idade Média, o romantismo e a eletricidade, não será apenas a pesquisa freudiana do homem da pedra lascada. Se Freud nos dá um algarismo, a história da Civilização nos ofereceu uma equação em que esse algarismo entra tão-só como um dos muitíssimos fatores.

Assim, também o índio é um termo constante na progressão étnica e social brasileira; mas um termo não é tudo. Ele já foi dominado, quando se agitou entre nós a bandeira nacionalista, – o denominador comum das raças adventícias. Colocá-lo como numerador seria diminuí-lo. Sobrepô-lo será fadá-lo ao desaparecimento. Porque ele ainda vive, subjetivamente, e viverá sempre como um elemento de harmonia entre todos os que, antes de desembarcar em Santos, atiraram ao mar, como o cadáver de Zaratustra, os preconceitos e filosofias de origem. Estávamos e estamos fartos da Europa, e proclamamos sem cessar a liberdade de ação brasileira.

***

Há uma retórica feita de palavras, como há uma retórica feita de ideias. No fundo, são ambas feitas de artifícios e esterilidades. Combatemos, desde 1921, a velha retórica verbal, não aceitamos uma nova retórica submetida a três ou quatro regras, de pensar e de sentir. Queremos ser o que somos: brasileiros. Barbaramente, com arestas, sem auto-experiências científicas, sem psicanálises e nem teoremas.

***

Convidamos a nossa geração a produzir sem discutir. Bem ou mal, mas produzir. Há sete anos que a literatura brasileira está em discussão. Procuremos escrever sem espírito preconcebido, não por mera experiência de estilos, ou para veicular teorias, sejam elas quais forem, mas com o único intuito de nos revelarmos, livres de todos os prejuízos.

A vida, eis o que nos interessa, eis o que interessa à grande massa do povo brasileiro. Em sete anos a geração nova tem sido o público de si mesmo. O grosso da população ignora a sua existência e se ouve falar em movimento moderno é pelo prestígio de meia dúzia de nomes que se impuseram pela força pessoal de seus próprios talentos.

***

O grupo Verde-Amarelo, cuja regra é a liberdade plena de cada um ser brasileiro como quiser e puder; cuja condição é cada um interpretar o seu país e o seu povo através de si mesmo, da própria determinação instintiva; – o grupo Verde-Amarelo, à tirania das sistematizações ideológicas, responde com a sua alforria e a amplitude sem obstáculo de sua ação brasileira. Nosso nacionalismo é de afirmação, de colaboração coletiva, de igualdade dos povos e das raças, de liberdade do pensamento, de crença na predestinação do Brasil na humanidade, de fé em nosso valor de construção nacional.

Aceitamos todas as instituições conservadoras, pois é dentro delas mesmo que faremos a inevitável renovação do Brasil, como o fez, através de quatro séculos, a alma da nossa gente, através de todas as expressões históricas.

Nosso nacionalismo é verde-amarelo e tupi. O objetivismo das instituições e o subjetivismo da gente sob a atuação dos fatores geográfico e histórico.

Correio Paulistano, 17 de maio de 1929.

Nota do Editor

Em 1927, o grupo Verde-Amarelo rachou. Plínio Salgado, que se fornaria o líder do integralismo brasileiro, movimento de corte abertamente fascista, funda a Escola da Anta. Em 17 de maio 1929, depois de o Verde-Amarelo anunciar sua dissolução, Alfredo Élis, Cândido Motta Filho, Cassiano Ricardo, Menotti del Picchia e Plínio Salgado publicam no *Correio Paulistano* o artigo "O atual momento literário". O título "Manifesto Nhengaçu Verde-Amarelo" foi atribuído posteriormente – há dúvidas se por obra de seus autores ou se pela historiografia ou crítica literária, segundo informa Helaine Nolasco Queiroz em seu artigo "Antropófago e Nhengaçu Verdeamarelo: dois manifestos em busca da identidade nacional brasileira" nos *Anais* do XXVI Simpósio Nacional de História da Associação Nacional de Professores Universitários de História (ANPUH): São Paulo, julho 2011.

OS AUTORES

Optou-se por fazer constar aqui apenas as biografias dos autores mais representativos envolvidos nos respectivos Manifestos.

RIA VICTORIA

Mário de Andrade

Mário Raul de Moraes Andrade nasceu em 09/ 10 /1893, em São Paulo; de família da classe média, fez o curso primário em escola pública e o secundário com os Irmãos Maristas. Em 1910 matriculou-se na Escola de Comércio Álvares Penteado, pretendendo tornar-se guarda-livros, profissão do pai; deixou a escola em dois meses, após desentendimento com um professor. No mesmo ano ingressou na Faculdade de Filosofia e Letras de São Paulo, de que cursou apenas o primeiro ano. Desde 1909 estudou piano em casa, com a mãe; em 1911 prestou exames para o Conservatório Dramático e Musical, habilitando-se para o terceiro ano; já no ano seguinte era monitor de Teoria Musical. O ano de 1913 foi o de sua primeira apresentação pública como pianista, no aniversário da Congregação da Imaculada Conceição da Igreja de Santa Ifigênia, e da morte acidental de seu irmão mais novo, Renato; a perda do irmão juntou-se ao excesso de trabalho (era, então, monitor de Teoria e de Piano), levando-o a uma crise emocional vencida com repouso na fazenda de parentes em Araraquara. Em 1914 iniciou no Conservatório o curso de Canto; já não pretendia ser concertista, mas apenas professor de piano e escritor. Seu primeiro texto publicado (assinado apenas M.) foi "No Conservatório Dramático e Musical: Sociedade de Consertos Clássicos", saído no *Jornal do Commercio* em

1915; em livro, estreou em 1917 com *Há uma gota de sangue em cada poema*, publicado às próprias custas sob o pseudônimo Mário Sobral. Ainda em 17 conheceu Oswald de Andrade, Anita Malfatti, Guilherme de Almeida e outros futuros modernistas e formou-se professor de piano. Em 1918 iniciou colaboração no jornal *A Gazeta* e na revista *O Eco*, logo acrescentado-se *A Cigarra* e, em 1920, *Papel e Tinta*, *Ilustração Brasileira* e a *Revista do Brasil*. Declarava-se, então, um "avanguardista"; em 21 participou do lançamento "oficial" do Modernismo, promovido por Oswald no mirante do Trianon (onde hoje está o Museu de Arte de São Paulo – MASP). Ainda em 1921 foi citado por seu verdadeiro nome em crítica de Oswald no *Jornal do Commercio* ("Meu poeta futurista"); a resposta ("Futurismo?") foi seu primeiro artigo assinado. Em 1922, já catedrático de Estética e de História da Música no Conservatório, participou, de 13 a 18 de fevereiro, da histórica Semana de Arte Moderna: leu, nas escadarias do Teatro Municipal, um texto teórico que, acredita-se, seria uma primeira versão de *A escrava que não é Isaura*. Ainda em 22 publicou *Pauliceia desvairada*, escrito dois anos antes e considerado por muitos o primeiro livro modernista brasileiro. Em 1924 fez sua primeira viagem de pesquisa, ao interior de Minas Gerais, com outros modernistas brasileiros e o francês Blaise Cendrars; seguir-se-iam viagens à Amazônia (1927), ao Nordeste (1928). Nessa época, textos seus saíam na revista *Ariel*, na *América Brasileira*, em *Estética*, no jornal *A Noite*, na *Revista de Antropofagia*, na *Revsita do Brasil*, na *Terra Roxa e Outras Terras*, em *A Manhã*, no *Diário Nacional* (do Partido Democrático, ao qual era filiado), na revista *Verde*. Em 1929 rompeu relações com Oswald de Andrade, que, desde então, não pouparia ataques a sua obra e a sua pessoa. Favorável à Revolução de 1930, com a vitória dessa integrou a comissão de reforma da Escola Nacional de Música do Ministério da Educação, defendendo o nacionalismo musical. Em 1932, quando dirigia, com Paulo Prado e Antônio de Alcântara Machado, a *Revista Nova*, apoiou discretamente o movimento constitucionalista de São Paulo; derrotado o movimento, o Partido Democrático, um de seus organizadores, e o *Diário Nacional* foram fechados. Em 1933 tornou-se crítico do *Diário de São Paulo*; no mesmo ano publicou-se nos EUA uma tradução de seu romance *Amar, verbo intransitivo*. Em 1935 passou a trabalhar no Departamento de Cultura da Prefeitura de São Paulo; em um ano, era simultaneamente diretor do Departamento e chefe da Divisão de Expansão Cultural. Em 1936 criou a Sociedade de Etnografia e Folclore, ao lado de Dina Lévi-Strauss, esposa do etnólogo francês Claude Lévi-Staruss. Autor do anteprojeto do Serviço do Patrimônio Histórico e Artístico Nacional (SPHAN), em 1938 tornou-se assistente técnico do órgão; mudou-se no mesmo ano para o Rio de Janeiro, lecionando Filosofia e História da Arte na Universidade do Distrito Federal; deprimido, bebia muito e buscou tratamento com o neurologista Pedro Nava. Além de lecionar e trabalhar no SPHAN, era consultor técnico do Instituto Nacional do Livro. Voltou a São Paulo em 1941, reassumindo suas funções no Conservatório em 42, ano de fundação da Sociedade dos Escritores Brasileiros; escrevia para *O Estado de São Paulo*, a *Folha de São Paulo* e o *Diário de São Paulo*. Em janeiro de 1945 participou do Primeiro Congresso Brasileiro de Escritores; com a saúde abalada havia já bastante tempo, morreu de enfarte em 25/02/1945, em São Paulo.

Mário de Andrade é considerado como um "pai" da moderna cultura brasileira. Foi ele um dos primeiros escritores que buscaram retratar em suas obras a língua nacional, libertando a literatura brasileira da dicção e da gramática lusitanas; no romance (ou, segundo o autor, rapsódia) *Macunaíma*, sua obra mais conhecida, valendo-se de lendas coletadas ou inventadas, de provérbios populares ou inventados, de vocabulário e sintaxe em parte ouvidos em suas viagens, em parte criados pelo autor, narra as aventuras e as espertezas do protagonista (Macunaíma, o herói sem nenhum caráter, que, filho de índio, nasce negro e a certa altura vira branco) no seu interior de nascença (onde vive a enganar seus irmãos, Jiguê e Maanape, por uma porção maior de comida, por uma porção menor de trabalho) e em São Paulo (aonde vai recuperar a pedra mágica Muiraquitã, roubada pelo rico imigrante Venceslau Pietro Pietra, que na verdade é o lendário gigante Piaimã, comedor de gente); ao mesmo tempo, compõe um amplo e colorido painel da diversidade cultural do país, de sua "falta de caráter" (nem europeu, nem índio, nem africano, mas tudo isso junto), que não é senão um novo caráter, uma personalidade em formação. Mas Mário de Andrade não foi apenas um escritor: foi musicólogo, historiador das artes plásticas e da arquitetura; correspondeu-se com alguns dos nomes mais significativos do campo cultural em sua época; como crítico de cinema, foi o primeiro a defender a produção nacional; criou a Discoteca Municipal de São Paulo, detentora de um precioso arquivo folclórico-musical; foi pesquisador do folclore, fotógrafo, colecionador de arte moderna e dono de uma magnífica biblioteca. Não fosse ele um dos mais importantes entre os escritores modernistas brasileiros (se não mais importante, por buscar consistentemente um modernismo com a cara mestiça do Brasil), e seria ainda obrigatório citá-lo por seu papel de estudioso da cultura nacional e animador de sua evolução.

Obras

Apenas primeiras edições

Poesia: *Há uma gota de sangue em cada poema* (1917); *Pauliceia desvairada* (1922); *Losango cáqui ou afetos militares de mistura com os porquês de eu não saber alemão* (1926); *Clã do Jabuti* (1927); *Remate de males* (1930); *Poesias* (1941); *Lira paulistana* (1945); *O carro da miséria* (1946). **Prosa**: *Primeiro andar* (contos, 1926); *Amar, verbo intransitivo* (romance, 1927); *Macunaíma, herói sem nenhum caráter* (rapsódia, 1928); *Belasarte* (contos, 1934); *Os filhos da Candinha* (crônicas, 1943); *Contos novos* (1947). **Ensaio**: *A escrava que não é Isaura* (poética, 1925); *O Aleijadinho e Álvares de Azevedo* (1935); *Namoros com a Medicina* (1939); *Cândido Portinari* (1939); *O movimento modernista* (1942); *Aspectos da literatura brasileira* (1943); *O empalhador de passarinhos* (1944). **Música**: *Ensaio sobre a Música Brasileira* (1928); *Compêndio de História da Música* (1929); *Modinhas imperiais* (1930); *Música, doce música* (1934); *O samba rural paulista* (1938); *A expressão musical nos Estados Unidos* (1940); *Música do Brasil* (1941); *Pequena história da música* (1943).

Oswald de Andrade

José Oswald de Andrade nasceu em São Paulo em 11/01/1890; o pai era um rico corretor de café. Estudou no Colégio São Bento e na Faculdade de Direito de São Paulo, bacharelando-se em 1919 "a muito custo". Em 1912 fizera sua primeira viagem à Europa; em Paris, entrara em contato com o futurismo e a boêmia estudantil. Formado, "nunca advoguei. Continuei jornalista", escrevendo, inicialmente, para o *Diário Popular*. "Publiquei com Guilherme de Almeida o meu primeiro livro em 1916, duas peças em francês apresentadas no Teatro Municipal de S. Paulo e recebidas com a maior e mais justa indiferença do público e da crítica". Em 1917, quando uma exposição da pintora Anita Malfati foi duramente criticada por Monteiro Lobato, ele a defendeu. Começou, então, com ela, Mário de Andrade e Di Cavalcanti, a lançar as bases do Modernismo brasileiro, lançado oficialmente na Semana de Arte Moderna de 1922. "Em 1922 tomei parte na Semana de Arte Moderna e publiquei *Os condenados*, meu primeiro romance. Fiz uma conferência na Sorbonne e outra no Sindicato dos Padeiros, Confeitarias e anexos." Em 1924 lançou o movimento Pau Brasil, "que trouxe à nossa poesia e à nossa pintura a sua latitude exata". Em 1926 casou-se com a pintora Tarsila do Amaral. Em 1928, radicalizando a busca por uma modernidade brasileira, lançou o movimento antropofágico, "que ofereceu ao Brasil dois presentes régios: *Macunaíma*, de Mário de Andrade, e *Cobra Norato*, de Raul Bopp". Ainda assim, logo romperia com Bopp e com Mário (que dele guardaria séria mágoa). "O divisor de águas de 1930 me jogou do lado esquerdo"; em 1931 filiou-se ao Partido Comunista, fundando o jornal *O Homem do Povo* junto com a escritora e militante Patrícia Galvão, a Pagu, com quem se casara após separar-se de Tarsila. Sob a ditadura do Estado Novo, esteve "preso 13 vezes. Tive também grandes fugas por motivos políticos". Em 1945, inconformado com a aliança entre o PCB e Getúlio Vargas, deixou o partido. No mesmo ano tornou-se, por concurso, livre-docente de Literatura Brasileira da Universidade de São Paulo. Em 1950, quando publicou no *Diário de Notícias* o texto de que aqui se citam trechos, tinha "quatro filhos e três netos e sou casado em últimas núpcias com Maria Antonieta d'Alkmin". Escrevia, então, suas memórias, publicadas em 1954 (*Um homem sem profissão*). Morreu em São Paulo, em 22/10/1954.

Para muitos críticos, a vida de Oswald de Andrade foi maior que sua obra; seu papel de agitador cultural, de guerrilheiro contra o "passadismo" que assolava a arte brasileira nas primeiras décadas do século XX, suplantaria de longe em importância o que escreveu. Entre criações consideradas pouco importantes por esses críticos estão: *O rei da vela*, peça teatral que ainda era revolucionária quando Zé Celso Martinez Corrêa a levou à cena, no teatro Oficina, de São Paulo, em 1967 (mais de trinta anos depois de escrita); *Memória sentimentais de João Miramar* ("E a despedida esfacelou-se num corredor escuro de cabinas."), de 1924, e *Serafim Ponte Grande*, de 1933, romances "cubistas" em que satiriza a sociedade e a literatura burguesas; poemas como "Pronominais" ("Dê-me um cigarro / Diz a gramática / Do professor e do aluno/ E do mulato sabido / mas o bom negro e o bom branco / Da Nação Brasileira / Dizem todos os dias / Deixa isso camarada / Me dá um cigarro."); o "Manifesto Antropofágico, de que aqui vai uma amostra:

"Só a antropofagia nos une. Socialmente. Economicamente. Filosoficamente./ Única lei do mundo. Expressão mascarada de todos os individualismos, de todos os coletivismos. De todas as religiões. De todos os tratados de paz./ *Tupi or not tupi that is the question.*/ Contra todas as catequeses. E contra a mãe dos Gracos. /Só me interessa o que não é meu. Lei do homem. Lei do antropófago. / Estamos fatigados de todos os maridos católicos suspeitosos postos em drama. Freud acabou com o enigma mulher e com outros sustos da psicologia impressa."

Oswald de Andrade é frequentemente criticado por atacar indiscriminadamente o passado e a tradição, de preconizar o abrasileiramento de estilos estrangeiros (cubismo, futurismo, por exemplo), exatamente como tinham feito os "passadistas" (parnasianos, simbolistas), e de apelar para todos os meios, até a maledicência, contra antigos amigos, para se manter em envidência. Todavia, não se põe em questão a qualidade de sua obra literária e a contribuição dela na verdadeira revolução estética que é o Modernismo.

Obras

Apenas primeiras edições

Poesia: *Pau-Brasil* (1925); *Primeiro caderno do aluno de poesia Oswald de Andrade* (1927); *Poesias reunidas* (os anteriores e mais inéditos, 1945). **Prosa**: *Trilogia do exílio* [*Os condenados* (romance, 1922); *Estrela de absinto* (romance, 1927); *A escada vermelha* (romance, 1934)]; *Memórias sentimentais de João Miramar* (romance, 1924); *Serafim Ponte Grande* (romance, 1934); *Marco Zero I – A revolução melancólica* (romance, 1943); *Marco Zero II – Chão* (romance, 1946). **Teatro**: *O rei da vela* (1933); *O homem e o cavalo* (1934); *A morta* (1937). Ensaios: *Ponta de lança* (1945); *A Arcádia e a Inconfidência* (1945); *A crise da filosofia messiânica* (1950). **Memórias**: *Um homem sem profissão* (1954).

Alfredo Éllis

Formado pela Faculdade de Direito de São Paulo em 1917, foi historiador, sociólogo, ensaísta, professor e promotor público. Deputado estadual de 1925 a 1930 e de 1934 a 1937. Integrante do grupo Verde-Amarelo, colaborou na revista *Novíssima* e foi combatente da Revolução de 1932. Em 1939 tornou-se professor de História da Civilização Brasileira na Faculdade de Filosofia, Ciências e Letras da USP, da qual foi diretor de 1939 a 1941. Foi membro do Instituto Histórico e Geográfico Brasileiro, do Instituto Histórico e Geográfico de São Paulo, do Instituto de Estudos Genealógicos e da Academia Paulista de Letras, onde ocupou a cadeira 18.

Obras

Apenas primeiras edições

Prosa: *Raça de gigantes* (1926), *Populações paulistas* (1934), *Capítulos da história social de São Paulo* (1944), *Meio século de bandeirismo* (1946), *O café e a paulistânia* (1950).

Cândido Motta Filho

Quarto ocupante da Cadeira 5 da Academia Brasileira de Letras, eleito em 7 de abril de 1960, na sucessão de Aloísio de Castro e recebido pelo Acadêmico Josué Montello em 20 de julho de 1960. Recebeu o Acadêmico Mário Palmério.

Cândido Motta Filho, advogado, professor, jornalista, ensaísta e político, nasceu em São Paulo, SP, em 16 de setembro de 1897, e faleceu no Rio de Janeiro, RJ, em 4 de fevereiro de 1977.

Era filho de Cândido Nanzianzeno Nogueira da Mota e de Clara do Amaral Mota. Seu pai foi advogado e professor de Direito Penal na Faculdade de Direito de São Paulo, deputado, senador e Secretário de Estado dos Negócios da Agricultura do Estado de São Paulo. Fez seus estudos primários na Escola-Modelo Caetano de Campos e no Grupo Escolar do Arouche, e o secundário no Colégio Santo Inácio, no Rio de Janeiro, e no Ginásio Nogueira da Gama, em São Paulo. Ingressou na Faculdade de Direito de São Paulo onde, em 1919, colou grau de bacharel em Ciências Jurídicas e Sociais, dedicando-se à advocacia, ao jornalismo, à política e ao magistério.

Iniciou sua vida jornalística no *Correio Paulistano*, como encarregado da coluna judiciária e da página literária. Colaborou no *Comércio* de São Paulo e, com o pseudônimo de Paulo Queiroga, figurou nas crônicas diárias do *São Paulo Jornal*, do qual foi diretor de 1929 a 1930, quando o jornal foi empastelado com o movimento revolucionário que depôs o presidente Washington Luís. Foi ainda redator-chefe da *Folha da Manhã* e, afinal, crítico literário dos *Diários Associados*. Dirigiu, com outros escritores, as revistas *Klaxon* e *Política*. Com Guilherme de Almeida, Menotti del Picchia, René Thiollier e Oswald de Andrade, tomou parte na Semana de Arte Moderna, fazendo pelos jornais o estudo crítico do Modernismo. Depois, com Cassiano Ricardo e Menotti del Picchia, promoveu o Movimento Verde-Amarelo, que procurava imprimir novos rumos à literatura brasileira. Tendo por alguns anos feito crítica impressionista (as "Notas de um constante leitor" foram publicadas originalmente no *Diário de São Paulo* e no *Correio Paulistano*), reagiu sempre contra o excesso de naturalismo no romance e do formalismo parnasiano na poesia. Seu estudo crítico do Modernismo constitui páginas válidas até o presente momento.

Na política, logo após a formatura em Direito, Cândido Mota Filho foi eleito juiz de paz no bairro paulistano de Santa Cecília e fez parte de diretórios do Partido Republicano. Depois de 1930, fundou, com Alcântara Machado, Abelardo César e Alarico Caiuby, a Ação Nacional do P.R.P., com programa inspirado no pensamento de Alberto Torres. Foi oficial de gabinete do Secretário da Agricultura no Governo Altino Arantes, em São Paulo e, em 1933, do prefeito da Capital paulista. Foi também deputado estadual pelo Partido Constitucionalista, fazendo parte da Constituinte de São Paulo.

Participou da Revolução Constitucionalista, no gabinete do Governador Pedro de Toledo, juntamente com Cassiano Ricardo e Menotti del Picchia. Em 1934, com Antônio de Alcântara Machado, integrou o Escritório Técnico da bancada paulista, destinado a coordenar os dados para a elaboração da Constituição Federal. Durante o Estado Novo, sucedeu a Cassiano Ricardo no Departamento de Imprensa e Propaganda e, após o período de adaptação constitucional, foi chefe de gabinete do Ministro Honório Monteiro e, a seguir, Ministro do Trabalho do Governo Gaspar Dutra. Depois da morte de Getúlio Vargas, com o Governo Café Filho, ocupou o cargo de Ministro da Educação e Cultura. Foi presidente nacional do Partido Republicano, sucedendo a Artur Bernardes.

Como advogado e professor, Cândido Mota Filho exerceu numerosos cargos: advogado do Patronato Agrícola do Estado; advogado da Prefeitura Municipal de São Paulo; professor no Ginásio Artur Mota e no Ginásio Ipiranga; professor de História, no Curso Pré-Jurídico da Faculdade de Direito de São Paulo; de Antropologia Filosófica, no curso promovido pela universidade fundada por Antônio Picarolo, livre-docente de Direito Penal e professor catedrático de Direito Constitucional, na Faculdade de Direito de São Paulo; Doutor Honoris Causa da Universidade de Porto Alegre e, finalmente, ministro do Supremo Tribunal Federal, do qual foi vice-presidente. Foi, também, presidente do Tribunal Superior Eleitoral. Além disso, Cândido Mota Filho foi diretor do Serviço de Proteção a Menores de São Paulo; presidente da Sociedade Brasileira de Psicologia (1936); vice-presidente da Sociedade Brasileira de Filosofia; presidente de honra do Instituto Cultural Brasil-Alemanha; membro da Academia de Belas Artes e da Academia Paulista de Letras, e presidente da Associação Nacional de Escritores.

Foi membro da Academia Brasiliense de Letras; do Instituto dos Advogados do Brasil; do Instituto Histórico e Geográfico Brasileiro; da União Brasileira de Escritores; do Conselho Técnico de Economia, Sociologia, Política e Finanças da Federação do Comércio de São Paulo, do Pen Clube do Brasil e de São Paulo; Professor Honoris Causa da Universidade de Porto Alegre e Professor Emérito da Faculdade de Direito da Universidade de São Paulo.

Casado com D. Elza Lichtenfels Mota, Cândido Mota Filho deixou cinco filhos: Nelson Cândido, Paulo, Cândido Geraldo, Flávio e Maria Teresa.

Obras

Apenas primeiras edições

Prosa: *Introdução ao estudo do pensamento nacional* (1926); *Bernardino de Campos* (1931); *Alberto Torres e o tema da nossa geração* (1933); *Introdução ao estudo da política moderna* (1934); *A função de punir* (1936); *Rui Barbosa, esse desconhecido* (1937); *O caminho das três agonias* (1938); *A defesa da infância contra o crime* (1938); *Da premeditação* (1939); *Do estado de necessidade* (1940); *O Poder Executivo e as ditaduras constitucionais* (1942); *O conteúdo político das constituições* (1951); *Notas de um constante leitor* (1958); *A vida de Eduardo Prado* (1967); *Contagem regressiva* (1972); *Dias lidos e vividos* (1977).

Cassiano Ricardo

Cassiano Ricardo Leite nasceu em São José dos Campos, SP, em 26/07/1895; seus pais possuíam a Fazenda Vargem Grande, onde ele viveu até os onze anos de idade. Ainda cursava o primário quando, incentivado pela mãe, escreveu os primeiros poemas e os publicou em um jornalzinho manuscrito, *O Ideal*, no grupo escolar que frequentava; logo, o jornalzinho, rebatizado como *Íris*, passou a ser composto nas oficinas do jornal *A Tribuna*, propriedade do pai de Cassiano. Fez estudos secundários em Jacareí e São Paulo, ali iniciando o curso de Direito; em 1918 transferiu-se para o Rio de Janeiro, onde se formou. Em 1915 lançara seu primeiro livro de poemas, *Dentro da noite*. Advogou por um ano em São Paulo e, a seguir, por quatro anos no Rio Grande do Sul (Passo Fundo e Vacaria). Em 1923 integrou-se ao grupo modernista Verde-Amarelo, de Menotti del Picchia, Plínio Salgado, Cândido Mota Filho e Raul Bopp, que se opunha à Antropofagia do também modernista Oswald de Andrade; mais tarde, o grupo adotaria o nome Anta, para assinalar sua filiação nacionalista, contrária a uma suposta orientação internacionalista de Oswald. Nessa época dirigiu a revista *Novíssima*, além de trabalhar no *Correio Paulistano*, jornal ligado ao governo do estado em que escreviam, também, os outros membros da Anta. Convidado a entrar para a Academia Paulista de Letras, exigiu que seus companheiros de grupo fossem também convidados – para acomodar Salgado e del Picchia, foram criadas vagas extras na Academia, episódio que causou acalorada polêmica. No início da década de 1930 empregou-se como censor de filmes e peças teatrais; em 1932, quando da Revolução Constitucionalista, era secretário do governador Pedro de Toledo e, derrotado o movimento, esteve preso por dois meses. Eleito em 1937 para a Academia Brasileira de Letras, fez cerrada campanha pela valorização oficial dos poetas modernos. De 1940 a 1943 foi diretor do jornal *A Manhã*, do Rio de Janeiro, criando o suplemento Autores e Livros; foi duas vezes eleito presidente do Clube de Poesia de São Paulo; chefiou o escritório comercial do Brasil em Paris (1953-1954). Em 1965 recebeu o prêmio Intelectual do ano, da União Brasileira dos Escritores. Foi membro do Conselho Federal de Cultura. Morreu em 15/01/1974, no Rio de Janeiro.

A obra poética de Cassiano Ricardo pode ser dividida em três fases: na primeira, pela qual passaram todos os modernistas históricos, fazia poesia nos moldes parnasiano-simbolistas; na segunda era nacionalista – ou, antes, paulista; na terceira, universalista. Representam bem a primeira fase os livros *Dentro da Noite* (1915), *Jardim das Hespérides* (1920) e *A Frauta de Pã* (1917), em que se revela um poeta tradicional, embora com certa liberdade formal. Ao ligar-se aos modernistas o poeta rompe inteiramente com o verso tradicional; o modernismo varreu da poesia de Cassiano toda artificialidade vocabular e sintática, para a qual não havia lugar nos temas nacionalistas – e, com o tempo, cada vez mais paulistas – que elegeu para os livros *Borrões de verde e amarelo* e *Vamos caçar papagaios* (ambos de 1926), temas mantidos em *Martim Cererê* (1928) e *Deixa estar, jacaré* (1931). *Martim Cererê* marca o ponto alto dessa poesia que Tristão Ataide aponta como "desordenada, bárbara, colorida, mas cheia de um sentido profundo, espelhando os aspectos reais da nossa formação, da nossa raça, da nossa paisagem, da nossa história!" Já João Ribeiro o aplaude calorosamente, dizendo que o livro contém "páginas fulgurantes", e acentuando o seu caráter crioulo: "Brasileiro até à medula; quase aborígine." Por sua vez, Júlio Dantas viu nele "uma admirável síntese étnica do povo brasileiro." Marca a transição da segunda para a terceira fase a publicação de *Um dia depois do outro* (1947). O nacionalismo Verde-Amarelo cede espaço uma visão universalista, o poeta busca novas formas e, depois, arrisca experiências rítmicas, vocabulares, gráfico-visuais. Em *O Arranha-Céu de Vidro* (1956) espelha, nos temas e na forma, uma sociedade dominada pela tecnologia e pelo fantasma da guerra atômica. Embora não se possa dizer que deles tenha efetivamente participado, esteve próximo ao movimento concretista e à Poesia Práxis.

Obras

Apenas primeiras edições

Poesia: *Dentro da noite* (1915); *A Frauta de Pã* (1917); *Jardim das Hespérides* (1920); *A mentirosa de olhos verdes* (1923); *Vamos caçar papagaios* (1926); *Borrões de verde e amarelo* (1926); *Martim Cererê* (1928); *Canções da minha ternura* (1930); *Deixa estar, jacaré* (1931); *O sangue das horas* (1943); *Um dia depois do outro* (1947); *A face perdida* (1950); *Poemas murais* (1950); *25 Sonetos* (1952); *João Torto e a fábula* (1956); *O arranha-céu de vidro* (1956); *Poesias completas* (os anteriores, mais *Eu no barco de Ulisses*, 1957), *Montanha-russa* (1960), *A difícil manhã* (1960); *Jeremias sem chorar* (1964), "Rio quatrocentão" (em *Aparência do Rio de Janeiro*, de Gastão Cruls, 3ª edição, RJ, 1695); *Os sobreviventes* (1971).
Prosa: *O Brasil no original* (ensaio, 1935); "O negro na bandeira" (na *Revista do Arquivo Municipal de São Paulo*, 1938); *Elogio de Paulo Setúbal* (1938); "Pedro Luís visto pelos modernos" (na *Revista da Academia Brasileira de Letras*, 1939); "Pedro Luís, precursor de Castro Alves" (na *Revista da Academia Brasileira de Letras*, 1939); *A Academia e a poesia moderna* (1939), "A Academia e a língua brasileira" (na *Revista da Academia Brasileira de Letras*, 1941); *Marcha para o Oeste – A influência da "Bandeira" na formação social e política do Brasil* (1943); *A poesia na técnica do romance* (ensaio, 1953); *O Tratado de Petrópolis* (2 vols., 1954); *Pequeno ensaio de bandeirologia* (1956); "João Ribeiro e a crítica do pré-Modernismo" (em *O homem cordial*, 1956); "Gonçalves Dias e o indianismo" (em *A Literatura no Brasil*, org. de Afrânio Coutinho, 1956); *O homem cordial e outros*

pequenos estudos brasileiros (1959); "Gilberto Freyre, os engenhos e as bandeiras (em *Gilberto Freyre: sua ciência, sua filosofia, sua arte*, 1962); *22 e a Poesia de Hoje* (1964); *Algumas reflexos sobre poética de vanguarda* (1964), *Poesia Práxis e 22* (1966).

Menotti del Picchia

Paulo Menotti del Picchia, que nasceu em São Paulo, SP, em 20 de março de 1892, e faleceu na mesma cidade em 23 de agosto de 1988. Tendo realizado os estudos médios em Campinas, SP, bacharelou-se em Ciências e Letras em Pouso Alegre, MG e em Direito, na Faculdade de Direito de São Paulo. Passando a residir em Itapira, onde possuiu propriedade rural e onde advogou, dirigiu o jornal *Cidade de Itapira* e fundou o jornal *O Grito*. Mudando-se para a cidade de São Paulo, foi colaborador e redator em diversos jornais, entre os quais *A Gazeta* e o *Correio Paulistano*, *Diário da Noite*, onde escrevia com o pseudônimo de Hélios. Fundou o jornal *A Noite* e com Cassiano Ricardo dirigiu os jornais *São Paulo* e *Brasil Novo*. Participante da Semana de Arte Moderna de 11 a 18 de fevereiro de 1922, com Cassiano Ricardo, Plínio Salgado e outros, organizou o movimento Verde-Amarelo, corrente modernista extremamente conservadora que pugnava por um nacionalismo xenófobo e que tinha por base ideológica doutrinas racistas – Plínio Salgado se tornaria o símbolo máximo do fascismo brasileiro, o integralismo, movimento difusor do anti-semitismo, da intolerância religiosa, do mito da pureza racial, e do totalitarismo de Estado. Foi o primeiro diretor do Departamento de Imprensa e Propaganda do Estado de São Paulo; deputado estadual por duas legislaturas, membro da Constituinte do Estado e deputado federal pelo Estado de São Paulo em três legislaturas, e presidente da Associação dos Escritores Brasileiros, seção de São Paulo. Em 1943 passou a integrar a Academia Brasileira de Letras. Sua obra mais conhecida é *Juca Mulato*, poema que procura se apresentar como tese sobre a identidade nacional. O ponto de vista desse livro inclina-se a um certo paternalismo que mitiga a violência do processo de formação do Brasil. Assim com a primeira geração dos românticos se empenhou em apresentar o índio como símbolo nacional – não índio verdadeiro, dizimado pelos portugueses, mas o índio-mito, paródia de cavaleiro medieval –, Menotti apresenta ufanisticamente como símbolo do Brasil a tese da mestiçagem, que seria fruto de acordo entre raças. Porém mesmo estudos do início do século já discorriam sobre o violento processo de formação do Brasil, processo que nas palavras do antropólogo Darcy Ribeiro, tem no por mãe a violência e por pai o estupro.

Obras

Apenas primeiras edições

Poesia: *Poemas do vício e da virtude* (1913); Moisés (1917); *Juca Mulato* (1917); *Máscaras* (1919); *A angústia de D. João* (1922); *O amor de Dulcineia* (1926); *República dos Estados Unidos do Brasil* (1928); *Chuva de pedra* (1925); *Jesus, tragédia sacra* (1958); *Poesias, seleção* (1958); *O Deus sem rosto*, introdução de Cassiano Ricardo (1968). **Romance**: *Flama e argila* (1920; a partir da 4a ed. *A tragédia de Zilda*); *Laís* (1921); *Dente de Ouro* (1923); *O crime daquela noite* (1924); *A república 3000* (1930; a partir de 1949 *A filha do Inca*); *A tormenta* (1932); *O árbitro* (1958); *Kalum, o mistério do sertão* (1936); *Kummunká* (1938); *Salomé* (1940). **Novela e conto**: *O pão de Moloch* (1921); *A mulher que pecou* (1922); *O nariz de Cleópatra* (1922); *Toda nua* (s.d.); *A outra perna do Saci* (1926); *O despertar de São Paulo* (s.d.). **Literatura infanto-juvenil**: *No país das formigas*; *Viagens de Pé-de-Moleque e João Peralta*; *Novas aventuras de Pé-de-Moleque e João Peralta*. **Ensaio**: *A crise da democracia*; *A crise brasileira: soluções nacionais* (1935); *A revolução paulista* (1932); *Pelo amor do Brasil, discursos parlamentares*; *O governo Júlio Prestes e o ensino primário*; *O Curupira e o Carão; O momento literário brasileiro*;

Sob o signo de Polymnia, **Memórias**: *A longa viagem*, 2 vols. (1970-1972). **Teatro**: *Suprema conquista* (1921); *Jesus; Máscaras*; *A fronteira*. **Obras completas**: *A Noite*, 10 vols.; *Obras de Menotti del Picchia*, 14 vols. *Entardecer*, antologia de prosa e verso (1978).

Plínio Salgado

Plínio Salgado nasceu em São Bento do Sapucaí (SP), em 1895. Jornalista, iniciou sua atividade na imprensa em 1916, em sua cidade natal, no semanário *Correio de São Bento*. Nessa época dedicava-se ainda ao magistério, e em suas leituras predominavam filósofos materialistas. Em 1918 iniciou-se na política participando da fundação do Partido Municipalista, que reunia líderes de municípios do Vale do Paraíba. Realizava, então, conferências em defesa da autonomia municipal.

Ainda em 1918, casado há pouco mais de um ano, morreu sua esposa, poucos dias após o nascimento de sua primeira filha. Abalado, voltou-se para a religião, dedicando-se à leitura dos pensadores católicos Raimundo Farias Brito e Jackson de Figueiredo.

Dois anos depois transferiu-se para São Paulo, empregando-se no *Correio Paulistano*, órgão oficial do Partido Republicano Paulista (PRP), onde travou amizade com Menotti del Picchia, o redator-chefe do jornal. Durante a década de 1920 dedicou-se essencialmente às atividades literárias, adquirindo renome como escritor. A princípio manteve posição cautelosa diante do movimento modernista, tendo participado discretamente da Semana de Arte Moderna em 1922.

Em 1924, deixou o *Correio Paulistano* e empregou-se no escritório do advogado e empresário Alfredo Egídio de Souza Aranha, com quem manteria vínculos duradouros. Publicou em 1926 seu primeiro romance, *O estrangeiro*, obra conceituada nos meios modernistas. Logo em seguida, em companhia de Cassiano Ricardo, Menotti del Picchia e Cândido Mota Filho, alinhou-se ao movimento Verde-Amarelo, vertente nacionalista do modernismo. No ano seguinte, novamente com del Picchia e Cassiano Ricardo, lançou o movimento da Anta, no qual exaltava o indígena, particularmente o tupi, como o portador das nossas origens nacionais mais autênticas. Nesse mesmo ano publicou *Literatura e Política*, obra em que expressava ideias nacionalistas de cunho fortemente antiliberal e agrarista, inspirada em Alberto Torres e Oliveira Viana.

Em 1928, elegeu-se deputado estadual, em São Paulo, pelo PRP. Em 1930 apoiou a candidatura situacionista de Júlio Prestes à presidência da República, contra o candidato da oposição, Getúlio Vargas. Em seguida, sem terminar seu mandato de deputado, viajou ao Oriente Médio e à Europa como preceptor do filho de Souza Aranha. Na Itália, impressionou-se com o fascismo e com Mussolini.

Regressou ao Brasil no dia 4 de outubro de 1930, exatamente um dia após o início da revolução que derrubaria Washington Luís. Escreveu, então, dois artigos no *Correio Paulistano* em defesa do governo. Com a vitória dos revolucionários, porém, logo passou a apoiar Vargas, tendo inclusive redigido o manifesto da Liga Revolucionária de São Paulo, organização liderada por Miguel Costa e João Alberto em apoio ao novo regime.

Em junho de 1931, tornou-se redator do jornal *A Razão*, recém-fundado por Souza Aranha na capital paulista. Em suas páginas, desenvolveu intensa campanha contrária à constitucionalização do país, a ponto da sede do jornal ser incendiada pouco antes da Revolução Constitucionalista de 1932. Em fevereiro, criou a Sociedade de Estudos Políticos (Sep), que reunia intelectuais simpáticos ao fascismo. Meses depois divulgou o Manifesto de Outubro, no qual apresenta as diretrizes básicas de uma nova agremiação política, a Ação Integralista Brasileira (AIB). O ideário da AIB inspirava-se nitidamente no fascismo italiano e em seus similares europeus. Valorizava, ainda, uma série de rituais e símbolos, como a utilização da expressão indígena Anauê como saudação, a letra grega sigma e os uniformes verdes com os quais seus militantes desfilavam pelas ruas. Em fevereiro de 1934, no I Congresso da AIB, em Vitória (ES), Plínio confirmou sua autoridade absoluta sobre a entidade, da qual recebeu o título de "chefe nacional".

Nos anos seguintes a AIB conheceu significativo crescimento, promovendo grandes manifestações em vários pontos do país. Em 1937 Plínio lançou sua candidatura à eleição presidencial marcada para janeiro do ano seguinte. Percebendo a intenção de Vargas de cancelar a eleição e continuar no poder, resolveu apoiar a opção golpista do presidente, esperando fazer do integralismo a base doutrinária do novo regime. Reuniu-se, então, com líderes militares golpistas e com o próprio Vargas, que lhe teria prometido o Ministério da Educação no novo governo. Em novembro retirou sua candidatura a presidente e, dias depois, aplaudiu a decretação do Estado Novo. Para sua surpresa, porém, Vargas decretou o fechamento da AIB, dando-lhe o mesmo tratamento dispensado às demais organizações partidárias.

No ano seguinte militantes integralistas tentaram, por duas vezes, nos meses de março e maio, promover levantes para depor Vargas. Essas tentativas fracassaram e, em ambas, Plínio negou ter tido qualquer participação. Permaneceu livre ainda por um ano, apesar de muitos integralistas terem sofrido perseguições imediatas. Em maio de 1939 foi finalmente preso e, um mês depois, enviado para um exílio de seis anos em Portugal. Nesse período, procurou obstinadamente reabilitar-se diante do governo brasileiro, a quem elogiou em diversos manifestos, inclusive quando da declaração de guerra do Brasil à Alemanha e Itália.

Voltou ao Brasil em 1945, com a redemocratização do país. Reformulou, então, a doutrina integralista, e fundou o Partido de Representação Popular (PRP). Em 1955 lançou-se candidato à presidência da República, obtendo 714 mil votos (8% do total). Em seguida, apoiou a posse do presidente eleito Juscelino Kubitscheck, contestada pela União Democrática Nacional (UDN), e foi nomeado para a direção do Instituto Nacional de Imigração e Colonização.

Em 1958 elegeu-se deputado federal pelo Paraná, reelegendo-se em 1962, desta vez por São Paulo. Em 1964 foi um dos oradores da Marcha da Família com Deus pela Liberdade, em São Paulo, contra o presidente João Goulart. Apoiou o golpe militar daquele ano e, com a extinção dos antigos partidos, ingressou na Aliança Renovadora Nacional (Arena), frente partidária criada para auxiliar na sustentação à ditadura. Por essa legenda obteve mais dois mandatos na Câmara Federal, em 1966 e 1970. Morreu em São Paulo, em 1975.

Obras

Apenas primeiras edições

Poesia: *Thabor*, 1919; *Poema da Fortaleza de Santa Cruz*; *Poemas do século tenebroso* (sob o pseudónimo Ezequiel, 1961). **Romance**: *O Estrangeiro* (1926); *O Esperado* (1931); *O cavaleiro de Itararém* (1933); *A Voz do Oeste* (1934); *Trepandé* (1972). **Teatro**: *A imagem daquela noite* (1947). **Literatura infantil**: *Sete noites de Joãozinho* (1951). **Contos**: *Contos e fantasias* (1954); *Sentimentais* (1954). **Memórias:** *Oriente*, relato de viagens (1931); *Roteiro e crônica de mil viagens* (1954); *Viagens pelo Brasil* (1954); *13 anos em Brasília* (1973); *Tempo de exílio* (1980); *Minha segunda prisão e meu exílio - Diário de bordo*, 1980. **Ensaios, política e religião**: *A boa nova* (1921); *Literatura e Política* (1927); *A anta e o curupira*, (1927); *O curupira e o carão*, em colaboração com Menotti del Pichia e Cassiano Ricardo (1927); *A literatura gaúcha* (1927); *O que é o Integralismo* (1933); *Psicologia da Revolução* (1933); *O sofrimento universal* (1934); *A quarta humanidade* (1934); *Despertemos a Nação* (1934); *A doutrina do Sigma* (1935); *Cartas aos Camisas-Verdes* (1935); *Palavra Nova dos Tempos Novos* (1936); *Nosso Brasil* (1937); *Geografia sentimental* (1937); *Páginas de combate* (1937); *Vida de Jesus* (1942); *A aliança do Sim e do Não* (1943); *A mulher no século XX* (1946); *O Rei dos Reis* (1946); *Conceito cristão da democracia* (1946); *Primeiro, Cristo!* (1946); *A Tua Cruz, Senhor* (1946); *Como nasceram as cidades do Brasil* (1946); *Madrugada do espírito* (1946); *O Integralismo brasileiro perante a Nação* (1946); *Mensagem às pedras do deserto* (1947); *Direitos e deveres do Homem* (1948); *Extremismo e* *democracia* (1948); *O ritmo da história* (1949); *Discursos* (1949); *São Judas Tadeu e São Simão Cananita* (1950); *Espírito da Burguesia* (1951); *O Integralismo na vida brasileira* (1953); *As qualidades e as virtudes de Euclides da Cunha* (1954); *Atualidades Brasileiras* (1954); *Críticas e prefácios* (1954); *A inquietação espiritual na atualidade brasileira* (1954); *Mensagem ao povo brasileiro* (1955); *Livro verde da minha campanha* (1956); *Doutrina e tática Comunistas* (1956); *A doutrina do Integralismo* (1957); *Reconstrução do Homem* (1957); *Discursos na Câmara dos Deputados* (1961); *A crise parlamentar* (1962); *Como se prepara uma China* (1962); *Instrução Moral e Cívica* (1964); *História do Brasil* (1969).